PROF. DR. JÜRGEN VORMANN | MALIKA STENGER

LOW CARB HIGH FAT
VEGETARISCH

DIE GU-QUALITÄTSGARANTIE

Wir möchten Ihnen mit den Informationen und Anregungen in diesem Buch das Leben erleichtern und Sie inspirieren, Neues auszuprobieren. Bei jedem unserer Produkte achten wir auf Aktualität und stellen höchste Ansprüche an Inhalt, Optik und Ausstattung.
Alle Informationen werden von unseren Autoren und unserer Fachredaktion sorgfältig ausgewählt und mehrfach geprüft. Deshalb bieten wir Ihnen eine 100 %ige Qualitätsgarantie.

Darauf können Sie sich verlassen:
Wir legen Wert darauf, dass unsere Gesundheits- und Lebenshilfebücher ganzheitlichen Rat geben. Wir garantieren, dass:
• alle Übungen und Anleitungen in der Praxis geprüft und
• unsere Autoren echte Experten mit langjähriger Erfahrung sind.

Wir möchten für Sie immer besser werden:
Sollten wir mit diesem Buch Ihre Erwartungen nicht erfüllen, lassen Sie es uns bitte wissen! Wir tauschen Ihr Buch jederzeit gegen ein gleichwertiges zum gleichen oder ähnlichen Thema um. Nehmen Sie einfach Kontakt zu unserem Leserservice auf. Die Kontaktdaten unseres Leserservice finden Sie am Ende dieses Buches.

GRÄFE UND UNZER VERLAG. *Der erste Ratgeberverlag – seit 1722.*

KGS

THEORIE

PRAXIS

SERVICE

PROF. DR. JÜRGEN VORMANN
Ernährungswissenschaftler

MALIKA STENGER
Bachelor of Science in
Ernährungswissenschaften

»Der Königsweg zu einer
gesunden Ernährung: Essen Sie
weniger Kohlenhydrate, mehr Fett
und dazu noch vegetarisch.«

VEGETARISCH + LCHF = DOPPELT GUT!

Die vegetarische Ernährung ist »in«. Ungefähr 4 Prozent der Deutschen essen ausschließlich vegetarisch. Bei Erhebungen geben weitere zehn Prozent der Befragten an, fleischarm zu leben. Dennoch konsumieren viele Bundesbürger immer noch mehr Fleisch, als aktuelle Ernährungsempfehlungen vorsehen. Diese Empfehlungen propagieren allerdings auch den Verzehr kohlenhydratreicher Getreideprodukte, was inzwischen von vielen Ernährungsexperten und Anhängern der kohlenhydratarmen Ernährung kritisch gesehen wird – und auch »low carb« ist zunehmend populär.

Auf den ersten Blick scheint es schwierig, die kohlenhydratarme und die vegetarische Ernährungsweise zusammenzuführen. Der Verzicht auf Brot und Pasta wird gern als Argument für einen höheren Fleischverzehr angeführt, denn: »Irgendwo müssen die Kalorien ja herkommen.« Aber auch hier bahnt sich ein Umdenken an. Schließlich können Kalorien, die nicht mehr in Form von Kohlenhydraten gegessen werden, auch in Form von Fett verzehrt werden.

Doch Fett hatte in den letzten Jahrzehnten ein schlechtes Image. Ein zu hoher Fettverzehr wurde mit verschiedenen Erkrankungen und dem Übergewichtsproblem in der Bevölkerung in Verbindung gebracht. Nun zeigen immer mehr Untersuchungen, dass dieses Pauschalurteil falsch ist. Wenn man es richtig macht, wirkt der Ersatz von Kohlenhydratkalorien durch Fettkalorien sogar positiv.

»Low Carb High Fat« (kurz: LCHF) hat also einen Sinn. In diesem Buch zeigen wir, wie Sie diese Ernährungsform auch vegetarisch genussvoll gestalten können.

J. Vnau   M. Stenge

LCHF FUNKTIONIERT AUCH VEGETARISCH

WER DEN FLEISCHKONSUM REDUZIEREN MÖCHTE ODER SICH VEGETARISCH ERNÄHRT, MUSS KEINESWEGS AUF EINE LCHF-ERNÄHRUNG VERZICHTEN. WENN MAN ES RICHTIG ANSTELLT, BIETET DIE KOMBINATION SOGAR DIE VORTEILE BEIDER ERNÄHRUNGSFORMEN.

DER VEGETARISCHE LEBENSSTIL

Immer mehr Menschen gelangen zu der Überzeugung, dass es sinnvoll ist, den Konsum von Fleisch zu reduzieren. Auch wenn es nicht sofort zu einer vollständigen Umstellung auf eine vegetarische Ernährung kommt, versucht ein immer größerer Anteil der Bevölkerung zumindest zeitweise, Nahrungsmittel zu meiden, die von getöteten Tieren stammen. In Deutschland verzichten bereits mehrere Millionen Menschen auf rotes Fleisch, essen aber noch Geflügel oder Fisch und Meeresfrüchte. Auch der Anteil der Veganer wächst, die alle tierischen Produkte vom Speisezettel streichen.

In der Vergangenheit wurde oft die Meinung vertreten, eine vegetarische Ernährung könne einen Mangel an bestimmten Nährstoffen (wie Protein oder Eisen) verursachen. Bei richtiger Lebensmittelauswahl ist diese Befürchtung aber unbegründet ▶ siehe Seite 12.

Es spricht viel für die vegetarische Ernährung

Menschen werden aus vielen Gründen zu Vegetariern: wegen der Gesundheit, aus religiöser Überzeugung und aus Tierschutzgründen; weil sie Bedenken bezüglich der Verwendung von Antibiotika und Hormonen bei der Viehzucht haben; oder weil sie sich so ernähren möchten, dass Umweltressourcen geschont werden.

Das Gesundheitsargument

In den letzten Jahren haben viele Studien die gesundheitlichen Vorteile einer pflanzenbasierten Kost bestätigt. Diese kann uns nicht nur mit allen notwendigen Nährstoffen versorgen, sondern birgt möglicherweise auch ein geringeres Risiko für chronische Krankheiten wie Diabetes Typ 2 oder Herz-Kreislauf-Erkrankungen ▸ siehe Seite 31. Ernährungsorganisationen wie die Deutsche Gesellschaft für Ernährung schreiben, eine angemessen geplante vegetarische Ernährung einschließlich aller vegetarischen oder veganen Diäten sei gesund, ernährungsphysiologisch angemessen und könne gesundheitliche Vorteile bei der Prävention und Behandlung bestimmter Krankheiten bieten. Allerdings sollte man sich vor der Umstellung über die Erfordernisse einer vegetarischen Nahrungsmittelauswahl informieren.

INFO

SCHWIERIGE STUDIEN

Viele Studien sind der Frage nachgegangen, wie sich eine vegetarische Ernährung auf die Gesundheit auswirkt. Leider ist es schwierig, den Einfluss des Essens von anderen Lebensstilfaktoren zu trennen. Denn häufig ist es so, dass Vegetarier zum Beispiel auch weniger rauchen, körperbewusster leben oder sich mehr bewegen als die Durchschnittsbevölkerung. Um wissenschaftlich feststellen zu können, wie die vegetarische Ernährung wirkt, wären umfangreiche Interventionsstudien nötig. Das sind Untersuchungen, bei denen große Bevölkerungsgruppen miteinander verglichen werden, und das gestaltet sich schwierig. Man müsste sehr viele Menschen zufällig einer (vegetarischen oder nicht-vegetarischen) Ernährungsweise zuordnen, die sie streng einzuhalten hätten. Jahre später müsste man untersuchen, wie sich ihr Gesundheitszustand unterscheidet. Ein solches Vorgehen ist zwar wissenschaftlich plausibel, aber nicht praktikabel.

AUF DIE LEBENSMITTEL KOMMT ES AN

Natürlich kann man sich auch als Vegetarier ungesund ernähren. Wenn vorwiegend Softdrinks, Pizza oder auch Süßigkeiten auf dem Speiseplan stehen, ist das zwar technisch gesehen vegetarisch, aber unserer Gesundheit gewiss nicht sonderlich zuträglich.

Es spielt also selbstverständlich eine Rolle, wie man die Kalorien kompensiert, die nicht mehr in Form von Fleisch verzehrt werden. Manche Menschen erhöhen den Konsum von Gemüse und Obst, aber oft werden mehr Kohlenhydrate aus Getreideprodukten oder Süßigkeiten aufgenommen. Allein dadurch ergeben sich bereits bedeutende gesundheitliche Unterschiede. Besser ist es, reichlich Obst und Gemüse, ein wenig Vollkornprodukte, Hülsenfrüchte, Nüsse und Pilze sowie Eier und Milchprodukte zu wäh-

len ▸ siehe Seite 45. Wichtig ist auch, dass man gesunde Fette und Öle zu sich nimmt ▸ siehe Seite 42, ohne die Gesamtmenge an Kalorien aus den Augen zu verlieren.

Ethische und religiöse Gründe

Weltweit gibt es etwa 75 Millionen Menschen, die sich als Vegetarier bezeichnen. Oft steht als Motivation im Vordergrund, dass das Töten von Tieren vermieden werden soll. Hinzu kommen ungefähr 1,5 Milliarden Menschen, die aus religiösen Gründen vegetarisch leben. Der in verschiedenen Religionen verbreitete Glaube an die Seelenwanderung verbietet grundsätzlich, Tiere zu verletzen oder zu töten.

Der Umwelt zuliebe

Viele der Menschen, die freiwillig auf tierische Produkte verzichten, wollen einen Beitrag zum Schutz der Umwelt leisten. Tatsächlich würde bereits eine Halbierung des Verzehrs von Fleisch, Milchprodukten und Eiern die Stickstoffemissionen in der Europäischen Union um 40 Prozent reduzieren, da die in den Nahrungspflanzen enthaltene Energie derzeit zu einem großen Teil der Versorgung der Nutztiere dient, die entsprechend Gülle produzieren. Darüber hinaus würde man rund 23 Prozent weniger Ackerland für die Lebensmittelproduktion benötigen. Bei der Erzeugung der Lebensmittel für Mahlzeiten auf pflanzlicher Basis werden zudem weniger Treibhausgase freigesetzt.

In einigen Religionen verbietet es der Glaube an die Seelenwanderung, Tiere zu töten.

DAS VEGETARISCHE SPEKTRUM

Vegetarier sind Menschen, die keine Nahrungsmittel von getöteten Tieren essen.
Dies ist der kleinste gemeinsame Nenner, aber es gibt viele weitere Schattierungen.

FLEXITARIER

essen zwar noch Fleisch, aber sie tun es selten, verzehren eher kleine Mengen
und wählen sehr gezielt aus.

TEIL-VEGETARIER

meiden Fleisch weitgehend, setzen aber individuelle
Schwerpunkte. Die einen verzichten auf Fleisch,
essen aber noch Fisch (Pescetarier).
Die anderen lassen den Verzehr
von Geflügel zu (Pollo-Vegetarier).

OVO-LACTO-VEGETARIER

machen die Gruppe derjenigen aus, die allgemein
als Vegetarier gelten. Sie meiden Fleisch, Geflügel,
Fisch oder Meeresfrüchte. Dafür bedienen sie sich
beim lebenden Tier und essen Eier, Milch und Milchprodukte.

LACTO-VEGETARIER

für sie gilt das Gleiche wie für Ovo-Lacto-Vegetarier,
sie verzichten aber auch auf den Verzehr von Eiern.

VEGANER

meiden Fleisch, Geflügel, Fisch, Meeresfrüchte sowie
alle weiteren tierischen Produkte. Sie essen weder
Eier noch Milchprodukte, Gelatine oder Honig.

Wichtige Nährstoffe im Fokus

Kann eine vegetarische Ernährung die Versorgung mit allen notwendigen Nährstoffen gewährleisten? Das steht inzwischen außer Zweifel. Dennoch gibt es einige Punkte, die Vegetarier beachten sollten, wenn sie optimal versorgt sein wollen.

Versorgung mit Proteinen

Fleisch und Fleischprodukte, Milch und Molkereiwaren sind bei Gemischtköstlern die Hauptquellen für Protein. Es gibt jedoch Hinweise darauf, dass insbesondere ein hoher Fleischkonsum mit erhöhten gesundheitlichen Risiken verbunden sein könnte. Vegetarier müssen sich dagegen oft die Frage gefallen lassen, wie sie an die vom Körper benötigten Proteine kommen. Dabei lässt sich auch mit pflanzlichen Lebensmitteln der Proteinbedarf durchaus decken, der bei ungefähr 1 Gramm Protein pro Kilogramm Körpergewicht liegt ▸ siehe Seite 21. Wenn man viel Protein aus Hülsenfrüchten wie Erbsen, Bohnen, Linsen und Sojabohnen verzehrt, ist das sogar mit positiven Gesundheitseffekten verbunden: Es senkt die Gefahr von Diabetes Typ 2 oder von kardiovaskulären Krankheiten sowie Krebs ▸ siehe Seite 30. Außerdem haben Hülsenfrüchte, Nüsse und Samen einen höheren Nährwert als Fleisch und Aufschnitt, enthalten also pro 100 Kilokalorien mehr Makro- und Mikronährstoffe und sind damit erheblich kostengünstiger.

MILCHEIWEISS

In der vegetarischen Kost wird häufig auf Milchprodukte als Proteinlieferanten zurückgegriffen. Käse, Quark und Co. können einen wichtigen Beitrag zur Ernährung leisten, da das Milchprotein eine hohe biologische Wertigkeit besitzt, also gut in körpereigenes Protein umgesetzt werden kann.

PFLANZLICHES EIWEISS

Trotz der lauter werdenden öffentlichen Diskussion über die negativen Auswirkungen der Fleischproduktion ist der Konsum von Hülsenfrüchten als alternative Proteinquelle bei uns im Vergleich zu vielen afrikanischen, asiatischen und südamerikanischen Ländern relativ niedrig. Das war früher anders. In den vergangenen 150 Jahren hat sich der durchschnittliche Fleischverzehr in Europa verdreifacht, während der Verzehr von Hülsenfrüchten um über 95 Prozent zurückgegangen ist.

Grundsätzlich ist der biologische Wert von Pflanzenprotein mit dem von tierischem Protein vergleichbar – vorausgesetzt, man kombiniert Protein aus verschiedenen Pflanzenquellen. So erreicht man zum Beispiel durch den Verzehr von Bohnen und Mais eine für unsere Ernährung gleichwertige Proteinzufuhr wie durch den Verzehr von Fleisch. Im Hinblick auf die LCHF-Ernährung ist allerdings zu bedenken, dass die Hülsenfrüchte viele Kohlenhydrate enthalten ▸ siehe Tabelle Seite 47. Die Verbindung mit Protein aus Ölsamen, zum Beispiel aus Leinsamen und Kürbiskernen, oder mit Protein aus Chia-Samen ist deshalb sinnvoll.

Vitamine und Mineralstoffe

Bezüglich der Versorgung mit Vitaminen und Mineralstoffen muss man bei vegetarischer Ernährung das Hauptaugenmerk auf B-Vitamine und Spurenelemente richten. Sollen auch noch die Kohlenhydrate reduziert werden, ist eine ausreichende Zufuhr von Magnesium ▸ siehe Seite 24 sehr wichtig.

MANGEL AN VITAMIN B_{12} VERMEIDEN

Vitamin B_{12} ist für die normale Entwicklung aller Zellen nötig, die DNA herstellen. Dazu gehören auch die Blutzellen und die Zellen des zentralen Nervensystems. Weder Menschen noch Tiere können Vitamin B_{12} selbst produzieren. Die tägliche Zufuhr sollte ungefähr 3 bis 4 Mikrogramm betragen. Im Gegensatz zu anderen B-Vitaminen ist es in pflanzlicher Nahrung nur in sehr geringen Mengen enthalten. Aus diesem Grund ist die Versorgung mit Vitamin B_{12} bei Menschen, die sich streng vegetarisch ernähren, problematisch. Untersuchungen in Bevölkerungen mit verschiedenen vegetarischen Diätformen zeigten bei mehr als 60 Prozent der strengen Vegetarier sowie bei 40 Prozent der Ovo-Lacto-Vegetarier ▸ siehe Seite 11 eine Unterversorgung mit Vitamin B_{12}.
Mit einem Mangel an Vitamin B_{12} ist nicht zu spaßen. Bei Erwachsenen können die ersten Anzeichen ein Kribbeln und Kältegefühl in Händen und Füßen, Erschöpfung und Schwächegefühl, Konzentrationsstörungen und sogar Psychosen sein. Da Vitamin B_{12} sowohl für starke Nerven als auch für die Blutbildung und die Synthese unserer DNA unerlässlich ist, müssen Schwangere und stillende Mütter ganz besonders auf eine ausreichende Zufuhr achten.

Da das Vitamin ausschließlich von Bakterien hergestellt wird, können auch die Bakterien der menschlichen Darmflora zur Versorgung beitragen – allerdings nicht in ausreichendem Maße. Im Dickdarm hergestelltes Vitamin B_{12} wird schnell wieder ausgeschieden. Eine Möglichkeit, den Bedarf an

TIPP

KOREANISCHE ROTALGE UND ANGEREICHERTE LEBENSMITTEL

Für Vegetarier ist die Koreanische Rotalge die beste Vitamin-B_{12}-Quelle. 6 Gramm der getrockneten Meeresalge können den täglichen Vitaminbedarf decken. Sie ist in dieser Form auch unter der Bezeichnung »Nori« bekannt und findet bei der Zubereitung von Sushi Verwendung. Auch eigens mit dem Vitamin angereicherte Lebensmittel können Vegetariern helfen, ihren Bedarf zu decken.

Vitamin B$_{12}$ sicher zu decken, besteht in der Einnahme entsprechender Vitaminpräparate. Dabei sind auch dann keine Nebenwirkungen zu befürchten, wenn größere Mengen Vitamin B$_{12}$ zugeführt werden.

EISEN

Vegetarier sollten besonders die angemessene Versorgung mit Eisen im Auge behalten. Für eine ausreichende Blutbildung werden täglich 10 bis 15 Milligramm dieses Spurenelements benötigt. Gute Eisenlieferanten sind Hülsenfrüchte, Nüsse, Vollkornprodukte, aber auch Gemüse. Allerdings ist Eisen in pflanzlichen Nahrungsmitteln in einer Form enthalten, die weniger gut aus dem Darm aufgenommen werden kann. Die Kombination von eisenhaltigen Nahrungsmitteln mit Vitamin C und anderen organischen Säuren, wie sie in Obst und Gemüse enthalten sind, verbessert jedoch die Bioverfügbarkeit – also wie gut und wie schnell das Eisen aufgenommen und vom Körper genutzt werden kann. Auf diese Weise lässt sich die geringere Ausnutzung, verglichen mit Eisen aus tierischen Nahrungsmitteln, ausgleichen.

ZINK

Zink ist ein Spurenelement, das besonders für unser Immunsystem von Bedeutung ist. Wir nehmen es vor allem über den Verzehr von Vollkorngetreide und Hülsenfrüchten zu uns. Allerdings ist in diesen Lebensmitteln auch Phytinsäure enthalten, ein pflanz-

licher Speicherstoff für Mineralstoffe. Die Phytinsäure bindet das Zink und macht es dadurch für die Resorption (Aufnahme) im Darm schlecht verfügbar. Durch das Einweichen und Keimen von Getreide oder Hülsenfrüchten sowie die Sauerteiggärung kann die Phytinsäure jedoch abgebaut werden. Das dabei freigesetzte Zink kann uns ausreichend versorgen. In der LCHF-Ernährung sind Käse, Weizenkeime, Walnüsse und Pekannüsse, Pilze und Hefen gute Zinklieferanten, um den durchschnittlichen Tagesbedarf von etwa 15 Milligramm zu decken.

SELEN

Der Organismus aller Säugetiere braucht Selen als wesentliches Spurenelement für Entwicklung, Wachstum und Gesundheit. Relativ hohe Konzentrationen findet man in Fleisch, Eiern, Milch und anderen Tierprodukten. Ein Grund dafür ist, dass Tierfutter oft mit Selen angereichert wird.
Bei Verzicht auf diese Nahrungsmittel kann es schwierig werden, den Selenbedarf zu decken. Pflanzen benötigen kein Selen für ihr Wachstum und reichern das Spurenelement nur an, wenn es im Boden vorhanden ist. Da es viele selenarme Gegenden gibt, ist es in pflanzlichen Nahrungsmitteln oft nur in geringen Mengen enthalten. Bei ausschließlich vegetarischer Ernährung ist die Selenversorgung deshalb auch in Deutschland schlecht. Gute vegetarische Quellen für Selen sind Paranüsse, Pilze und Meeresalgen. Der Selen-

bedarf in Höhe von 60 bis 70 Mikrogramm pro Tag lässt sich selbstverständlich auch über Nahrungsergänzungsmittel decken.

JOD

Das Spurenelement Jod ist elementarer Bestandteil der Schilddrüsenhormone, die den menschlichen Stoffwechsel zentral beeinflussen. Jodmangel ist eines der weltweit größten Gesundheitsprobleme. Wenn ein Mangel zu einer Unterfunktion der Schilddrüse führt, wird die körperliche und geistige Leistungsfähigkeit beeinträchtigt.

Da der natürliche Jodgehalt von Boden und Wasser sehr unterschiedlich ist und durch das Düngen beeinflusst wird, schwankt dadurch auch der Jodgehalt von Nahrungsmitteln. Es spielt eine sehr große Rolle, wo sie angebaut wurden.

In der vegetarischen Ernährung sind die Milchprodukte die Hauptlieferanten für dieses Spurenelement. Eine wichtige Möglichkeit, den täglichen Jodbedarf von durchschnittlich 200 Mikrogramm zu decken, ist die Verwendung von jodiertem Speisesalz. Vegetarier sollten deshalb darauf achten, bevorzugt jodiertes Speisesalz oder Meersalz zu verwenden. Meerwasser enthält viel Jod, und das macht nicht nur das Meersalz, sondern auch Seetang und Algen zu guten Jodquellen. Sogar Champignons und Erdnüsse können zur Jodversorgung beitragen.

INFO

WELCHEN NUTZEN HABEN BLUTUNTERSUCHUNGEN?

Mineralstoffe, Spurenelemente und Vitamine, die sogenannten Mikronährstoffe, benötigen wir nur in kleinen Mengen. Sie sind essenzielle Bestandteile unserer Zellen und dort vor allem für die Aktivierung von Enzymen – den Regulatoren unseres Stoffwechsels – zuständig. Da diese Prozesse hauptsächlich innerhalb unserer Zellen ablaufen, ist es schwierig, anhand einer Messung der Mikronährstoffe im Blut festzustellen, wie gut ein Mensch damit versorgt ist.

Im Einzelfall können Blutuntersuchungen sinnvoll sein. Nicht sinnvoll ist es dagegen, den Status generell anhand solcher Untersuchungen erheben zu wollen. Mangelsituationen lassen sich erst verhältnismäßig spät diagnostizieren. Eine wesentlich einfachere (und billigere) Methode ist es, bei Verdacht auf einen Mangel zu Mikronährstoffpräparaten zu greifen. Sie können auch als Kur angewendet werden. In Ihrer Apotheke wird man Ihnen diesbezüglich weiterhelfen.

DIE LCHF-ERNÄHRUNG

Seit Jahrzehnten wird uns vermittelt, eine Kost mit wenig Fett und vielen Kohlenhydraten sei der gesündeste Weg, den menschlichen Körper zu ernähren, ihn zu kräftigen und chronischen Krankheiten vorzubeugen. Allerdings stellt sich dann die Frage, warum sich die westliche Welt derzeit einem beispiellosen Ausmaß an gesundheitlichen Problemen gegenübersieht. Bei Herzkrankheiten, Übergewicht, Diabetes, Bluthochdruck,

Alzheimer-Krankheit, Krebserkrankungen, Allergien, Darmproblemen und vielen weiteren Beschwerden liegt die Vermutung nahe, dass bei ihrer Entstehung auch die Ernährung eine gewisse Rolle spielen könnte. Wie wäre es, wenn wir vielen gesundheitlichen Schwierigkeiten ganz einfach dadurch aus dem Weg gehen könnten, dass wir unsere Lebensmittelauswahl und damit auch unsere Ernährungsgewohnheiten ändern?

Kohlenhydrate – weniger gesund als ihr Ruf

Wir sollten die bekannte Nahrungsmittelpyramide auf den Kopf stellen. Die Folge davon wäre, dass der überwiegende Teil der täglichen Kalorien in Form von Fett zugeführt würde. Denn Fette machen nicht fett! Vielmehr sind die Kohlenhydrate dafür verantwortlich, dass wir an Leibesfülle zulegen. Fette hingegen machen satt und gewährleisten langfristig die Versorgung der Zellen mit Energie.

Damit wir die Gründe für diese Behauptungen verstehen können, müssen wir einen kleinen Ausflug in die physiologischen und biochemischen Abläufe im menschlichen Körper machen.

Was passiert mit aufgenommenen Kohlenhydraten?

Stellen Sie sich ein üppiges Mahl mit großen Mengen stärkehaltiger Spaghetti oder Brot vor. Durch den Verdauungsprozess wird die enthaltene Stärke im Darm in einzelne Glukosemoleküle (Traubenzucker) gespalten. Die Glukosekonzentration des Blutes (umgangssprachlich »Blutzuckerspiegel«) steigt. Das Gehirn kann die Glukose leicht in die Nervenzellen aufnehmen und zur Energiegewinnung nutzen. Dies teilt es uns dadurch mit, dass wir uns satt und wohl »fühlen«.

INFO

ENERGIE FÜRS GEHIRN

Unser Gehirn benötigt jederzeit ausreichend Glukose. Aus diesem Grund ist die Blutzuckerkonzentration auch so intensiv reguliert. Normalerweise entfallen auf unser Gehirn in Ruhe etwa 20 Prozent des täglichen Kalorienbedarfs. Bei 2 000 Kalorien am Tag sind das etwa 400 Kalorien. Wollten wir diesen Energiebedarf ausschließlich aus Glukose decken, müssten wir dazu ungefähr 100 Gramm Kohlenhydrate verzehren. Aber die Versorgung des Gehirns lässt sich etwa zur Hälfte auch indirekt durch den Abbau von Fett sicherstellen – allerdings erst, wenn der Stoffwechsel entsprechend umgestellt ist ▸ siehe Seite 27. Dadurch würde sich der absolute Glukosebedarf auf ungefähr 50 Gramm reduzieren. Dabei ist zu beachten, dass Stoffwechsel und Energiebedarf von Mensch zu Mensch verschieden sind. Bei einer LCHF-Ernährung findet man im Laufe der Zeit den individuellen Minimalbedarf an Kohlenhydraten selbst heraus.

SPEICHERUNG VON GLUKOSE

Wenn sich viel Glukose im Blut befindet, wird sie auch von anderen Körperzellen aufgenommen. Sie wird insbesondere von unserer Skelettmuskulatur genutzt, um schnell Energie für Bewegung bereitzustellen. Ein Teil der Glukose wird außerdem in Form von Glykogen in der Muskulatur und in der Leber gespeichert. Sind alle Speicher voll, wird die weitere aus dem Darm ins Blut nachströmende Glukose nicht mehr direkt verwertet, und die Blutglukosekonzentration erhöht sich. Allerdings weiß unser Körper auch mit dieser Situation umzugehen: Er verwandelt die Glukose in Fett. Dieser Mechanismus ist auch der Grund dafür, dass zu viele Kohlenhydrate in der Nahrung Übergewicht fördern können.

BEVORZUGTER ENERGIELIEFERANT

Die Kohlenhydrate auf unseren Tellern sind im Wesentlichen Stärke und Zucker. Sie sind in Nahrungsmitteln wie in Frühstückszerealien, Brot, Nudeln, Softdrinks, Fruchtsäften, Keksen, Kartoffeln etc. enthalten. Unser Körper bevorzugt Kohlenhydrate, um den Energiebedarf unserer Zellen zu decken. Glukose ist für ein funktionierendes Nervensystem unabdingbar und muss in einer bestimmten Menge im Blut vorhanden sein. Normal sind Werte von 70 bis 100 mg / dl (Milligram pro Deziliter), das entspricht 3,9 bis 5,5 mmol / l (Millimol pro Liter). Sinkt die Blutglukosekonzentration unter 50 mg / dl, funktionieren unsere Nervenzellen nicht mehr optimal. Aber auch zu viel Glukose ist ein Problem, weil es zu einer unspezifischen Anlagerung von Glukose an Proteine der Gefäßwände kommen kann. Diese werden dadurch in ihrer Funktion beeinträchtigt, und langfristig drohen dann Durchblutungsstörungen. Die Blutglukosekonzentration darf also weder zu niedrig noch zu hoch sein. Wie gelingt dieser Balanceakt bei einer sehr unterschiedlichen Nahrungszufuhr von Kohlenhydraten?

Insulin – zentrales Hormon der Stoffwechselregulation

Normalerweise kann Glukose nicht ohne Weiteres in unsere Körperzellen aufgenommen werden. Damit es klappt, muss ein bestimmtes Hormon vorhanden sein: Insulin. Insulin wird in der Bauchspeicheldrüse produziert und immer dann freigesetzt, wenn nach einer Mahlzeit Glukose aus dem Darm ins Blut gelangt. Das Hormon aktiviert die Transportsysteme für Glukose, damit sie schnell in Muskel- und Fettgewebe aufgenommen wird.

Die Bauchspeicheldrüse schüttet also jedes Mal, wenn nach einer Mahlzeit Glukose ins Blut gelangt, Insulin aus. Dabei arbeitet sie nach dem Prinzip: Je mehr Glukose anflutet, desto mehr Insulin gibt sie ab.

INSULIN BLOCKT FETTVERBRENNUNG

Das Insulin schleust aber nicht nur Glukose in die Zellen, es sorgt gleichzeitig auch dafür, dass die Verbrennung von Fett gestoppt wird. Grundsätzlich gilt: Solange größere Mengen Insulin im Blut sind, wird Fett nicht abgebaut, sondern gespeichert. Nach einer kohlenhydratreichen Mahlzeit wird so viel Insulin ausgeschüttet, dass es auch Stunden nach dem Essen noch im Blut kreist. Üblicherweise folgt dann aber schon die nächste Mahlzeit, und es wird erneut Insulin freigesetzt. So sorgen unsere Ernährungsgewohnheiten dafür, dass wir fast immer Insulin im Blut haben. Das bleibt nicht ohne Folgen,

INFO

STICHWORT: INSULINRESISTENZ

Ist die Insulinkonzentration im Blut oft sehr hoch, reagieren unsere Zellen zunehmend unempfindlich auf das Stoffwechselhormon. Die Folge davon ist, dass immer größere Mengen benötigt werden, um die überschüssige Glukose aus dem Blut zu entfernen. Irgendwann gelingt dies nicht mehr ausreichend, und ein Teil der Glukose wird dann sogar mit dem Urin ausgeschieden – ein erstes Zeichen für eine drohende Diabetes-Erkrankung. Die permanente Überlastung der Bauchspeicheldrüse kann langfristig dazu führen, dass die Insulinproduktion vollständig versiegt. Insulin muss dann in medikamentöser Form von außen verabreicht werden.

denn in dieser Zeit bleibt auch das Fett in den Fettzellen. Durch eine kohlenhydratreiche Ernährung geraten wir in einen Teufelskreis, der uns dick macht ▸ siehe Seite 20. Wenn wir den Stoffwechsel auf Fettverbrennung programmieren möchten, ist es deshalb unerlässlich, dass wir die Insulinausschüttung so gering wie möglich halten. Dies hat den zusätzlichen Vorteil, dass die Kapazität der Bauchspeicheldrüse für die

RAUS AUS DER KOHLENHYDRATFALLE!

Bei der klassischen kohlenhydratreichen Ernährung kommt ein Teufelskreis in Gang: Wir verzehren große Mengen an Kohlenhydraten, und sobald die Glukosekonzentration im Blut wieder sinkt, fordert das Gehirn mehr. Die Nahrungsfette landen unterdessen in den Fettzellen. Es geht aber auch anders!

Im Rahmen einer herkömmlichen Mahlzeit essen wir sowohl Kohlenhydrate als auch Fett. Da unserem Körper in diesem Fall ausreichend Glukose zur Energieversorgung zur Verfügung steht, muss er das Fett nicht verbrennen. Es landet in unseren Speichern. Die Fettverbrennung läuft erst wieder an, wenn alle Kohlenhydrate aus dem Darm aufgenommen sind und die Blutglukosekonzentration wieder sinkt ▸ siehe Seite 19.

DAS GEHIRN FORDERT NACHSCHUB

Und da liegt das Problem: Eine geringere Glukosekonzentration im Blut bedeutet auch eine geringere Glukosezufuhr zum Gehirn. Dies ist zunächst nicht problematisch, aber es veranlasst das Gehirn zu der Mitteilung, es fühle sich nun weniger »wohl«. Die Folge? Jedes Mal, wenn die Glukosekonzentration im Blut abnimmt, bekommen wir Hunger und machen uns auf die Suche nach etwas Essbarem. Für unsere Vorfahren aus der Steinzeit war das kein Problem, denn oft war einfach nichts zum Essen da. Wenn wir dagegen dem Hungergefühl nachgeben und erneut Kohlenhydrate verzehren, werden sie auch wieder zuerst abgebaut. Der Kreislauf beginnt von Neuem. Die gespeicherten Fette bleiben im Fettgewebe, und wir bleiben in der Kohlenhydratfalle stecken.

BEENDEN SIE DEN KREISLAUF

Glücklicherweise haben wir mehrere Möglichkeiten, diesen Prozess zu unterbrechen: Wir können den Hunger aushalten. Das ist zugegeben kein leichtes Unterfangen, aber nach einiger Zeit wird der Energiebedarf aus den Fettreserven gedeckt. Der Hunger lässt nach. Je mehr Sie sich an Essenspausen gewöhnen, desto weniger wird Hunger Sie quälen ▸ siehe auch Seite 35.

Wenn wir uns bewegen, verbrauchen wir ebenfalls Glukose – allerdings längst keine so großen Mengen, wie viele Menschen hoffen. Dafür setzen wir durch die Bewegung Fett frei, das einen Teil der Energieversorgung übernimmt und auf diese Weise die Hungergefühle unterdrücken kann.

Produktion von Insulin geschont wird. Wenn weniger Insulin im Blut schwimmt, bleibt auch die Empfindlichkeit unserer Körperzellen für das Hormon erhalten. Außerdem kann eine bereits gestörte Insulinempfindlichkeit wieder verbessert werden.

Proteine sind keine Lösung

Wenn wir die Zufuhr von Kohlenhydraten reduzieren, entsteht eine Kaloriendifferenz. Um sie auszugleichen, können wir mehr Proteine oder mehr Fette zu uns nehmen. Vegetarier können die wegfallenden Kohlenhydratkalorien mit großen Portionen Käse oder Eiern wettmachen. Doch das könnte bedeuten, dass die Gesamtproteinzufuhr das normale Maß übersteigt. Wie wir wissen, benötigen wir etwa 1 Gramm Protein pro Kilogramm Körpergewicht, aber mehr als 2 Gramm Protein pro Kilogramm Körpergewicht sollten es nicht werden. Bei einer 75 Kilogramm schweren Person wären das etwa 150 Gramm Protein – ungefähr 600 Kalorien am Tag. Mit 400 Kalorien aus 100 Gramm Kohlenhydraten bei kohlenhydratreduzierter Ernährung ist das nicht genug, um den durchschnittlichen Energiebedarf von ungefähr 2 000 Kalorien zu decken.

Zu viel Eiweiß belastet den Körper

Aber auf Dauer noch mehr Eiweiß zu verzehren, wäre ungesund. Proteine setzen sich aus Aminosäuren zusammen, die wir einerseits als Brennstoff, andererseits als Bausteine für den Aufbau von Muskelmasse und anderen Körperproteinen brauchen. Ein Übermaß an Protein kann jedoch nicht einfach in Form von Muskeln gespeichert werden und wird verstoffwechselt.

Beim Abbau von Proteinen werden Stickstoff und Schwefel frei und müssen mit dem Urin ausgeschieden werden. Dadurch beansprucht eine übermäßige Proteinzufuhr die Nieren. Eine Ernährung, die ausschließlich aus Proteinen besteht, ist langfristig unmöglich, denn die Nieren können insbesondere den Stickstoff nur begrenzt ausscheiden.

INFO

DIE GEWINNUNG VON GLUKOSE AUS PROTEIN

Ein hoher Proteinverzehr kann auch den Glukosespiegel erhöhen und die Ausschüttung von Insulin veranlassen, denn der Kohlenstoffanteil der Proteine kann in Glukose umgewandelt werden. Bei einer kohlenhydratreduzierten Ernährung dürfen wir zwar etwas mehr Protein als üblich verzehren. Trotzdem sollten wir die Eiweißzufuhr nicht so stark steigern, wie es notwendig wäre, um die fehlenden Kohlenhydratkalorien ganz und gar zu ersetzen.

Auch der Schwefel ist problematisch, da dieser nur in Form von Schwefelsäure aus dem Körper entfernt werden kann, die den Säure-Basen-Haushalt belastet.

Rettende Fette

Die letzte Möglichkeit, bei einer kohlenhydratreduzierten Ernährung eine ausreichende Kalorienversorgung zu gewährleisten, ist eine erhöhte Fettzufuhr. Doch das widerstrebt vielen Menschen, da lange Zeit vor Fett gewarnt wurde. Auch bei der vegetarischen LCHF-Kost ist es deshalb notwendig, dass wir unsere bisherige Einstellung zum Fettverzehr überdenken.

1 Gramm Fett enthält 9 Kalorien und damit mehr als doppelt so viel Energie wie Kohlenhydrate oder Proteine. Deshalb wurde es beim Kaloriensparen oft in den Vordergrund gestellt. Allerdings ist nun auch bekannt, dass gerade das Fett für unser Sättigungsgefühl wichtig ist. Wenn wir beim Fett sparen, befeuern wir damit leider oft auch unseren Hunger, denn Kohlenhydrate sättigen wesentlich weniger.

Darüber hinaus wurde das Fett oft für die Entstehung von Krankheiten – insbesondere von Herzerkrankungen – verantwortlich gemacht. Es hat sich jedoch herausgestellt, dass dafür maßgebliche Studien falsch interpretiert worden waren. Nach aktuellem Forschungsstand ist eine fettreiche, aber kohlenhydratarme Ernährungsweise somit kein Risikofaktor für Herz-Kreislauf-Erkrankungen. Einige Untersuchungen zeigen sogar, dass sie das Risiko für manche Erkrankungen verringert ▸ **siehe Seite 30.**

Energiegewinnung aus Fett

Damit wir verstehen können, was beim Abbau von Fett im Körper passiert, werden wir uns ansehen, wie er mit den eigenen Fettreserven umgeht, wenn er sie zur Energiegewinnung heranziehen muss. Dies geschieht, wenn wir fasten. In dieser Situation wird der Energiebedarf unserer Muskelzellen vollständig aus Fettsäuren gedeckt. Da ein Fettmolekül aus einem Glycerinmolekül besteht, an das drei Fettsäuren gebunden sind, bleibt nach Nutzung der Fettsäuren der Glycerinanteil übrig. Dieser wird zur Herstellung von Glukose für unser Gehirn genutzt.

INFO

WAS IST EIGENTLICH FETT?

Fett besteht aus einem Glycerinmolekül, an das drei Fettsäuren gekoppelt sind. Beim Abbau von Fett werden die Fettsäuren freigesetzt und können dann beispielsweise von der Muskulatur zur Energiegewinnung verwendet werden. Aus dem verbliebenen Glycerinanteil kann der Körper Glukose herstellen.

LEERUNG DER GLYKOGENSPEICHER

Allerdings reicht die beim Fettabbau entstehende Glycerinmenge nicht aus, um unser Gehirn ausreichend mit Glukose zu versorgen. Darum wird zusätzlich Glukose aus dem Glykogenspeicher der Leber freigesetzt. Der Bedarf des Gehirns lässt sich auf diese Weise aber nur ein bis zwei Tage decken. Beim Fasten wird auch körpereigenes Protein (insbesondere aus Muskelmasse) abgebaut und der Kohlenstoffanteil zur Herstellung von Glukose herangezogen ▸ siehe Seite 21. Es ist aber nicht sinnvoll, wenn unser Körper den Energiebedarf unserer Nervenzellen durch Abbau von Muskelsubstanz deckt. Darum sorgt ein besonderer Mechanismus dafür, dass dem Gehirn beim Fasten auch ein anderer Brennstoff zur Verfügung steht. Dafür greift der Körper nun ebenfalls auf sein Fettgewebe zurück und bildet Ketonkörper (kurz: Ketone). Dieser Vorgang – die sogenannte »Ketose« – ist der zentrale Mechanismus, um der Kohlenhydratfalle zu entkommen.

RAN AN DIE FETTDEPOTS

In der Leber können aus dem Depotfett freigesetzte Fettsäuren in Ketonkörper umgewandelt werden. Diese werden rasch in alle Zellen aufgenommen, auch in die des Nervengewebes – anders als Fette und Fettsäuren, die im Blut an Transportproteine gebunden sind und die Blut-Hirn-Schranke nicht überwinden können. Wenn das Gehirn auch mit Ketonkörpern versorgt wird, sinkt der Bedarf an Glukose. Die Energieversorgung des Gehirns kann bis zu 60 Prozent aus Ketonkörpern gespeist werden. Dies hat noch einen weiteren Vorteil: Beim Umsatz von Ketonkörpern fallen weniger potenziell schädigende Abbauprodukte – sogenannte freie Radikale ▸ siehe Seite 31 – an als beim Abbau von Glukose.

LCHF – was ist besonders zu beachten?

Bei der Umstellung auf eine Ernährung, die uns in Ketose bringt, müssen einige Stoffwechselfunktionen an diese neue Situation angepasst werden. Vor allem die Nieren sind davon betroffen. Die Ketone beeinträchtigen sie zwar nicht in ihrer Funktion. Sie bewirken aber, dass in der Übergangsphase die Mineralstoffe Natrium und Magnesium vermehrt ausgeschieden werden.

Salz

Natrium nehmen wir vor allem in Form von Kochsalz zu uns. In den ersten Wochen der Umstellung auf eine LCHF-Ernährung kann es vorkommen, dass Sie sich müde und abgespannt fühlen. Besonders bei Belastung können Ihre Kräfte schnell schwinden. Das liegt daran, dass Ihre Nieren mehr Salz ausscheiden. Mit dem Salz geht auch Flüssigkeit verloren – ein Grund, weshalb Sie stets darauf achten sollten, ausreichend zu trinken.

Bei Umstellungssymptomen wie Abgeschlagenheit kann Salzmangel die Ursache sein.

Der schnelle Gewichtsverlust bei der Umstellung auf ketogene Kost beruht also nur zum Teil auf dem Abbau von Fett. Grundsätzlich ist es gut, überschüssiges Wasser und Salz aus dem Körper zu entfernen. Wird es aber zu viel, können Kopfschmerzen, Müdigkeit und Abgeschlagenheit folgen. Stellen sich nach der Umstellung auf eine LCHF-Ernährung derartige Symptome ein, kann Salzmangel die Ursache sein. Glücklicherweise gibt es eine einfache Lösung: Trinken Sie regelmäßig eine salzige Gemüsebrühe, und der Mangel ist behoben.

Magnesium

Bei der Umstellung auf eine ketogene Ernährung wird auch vermehrt Magnesium mit dem Urin ausgeschieden. Magnesium ist ein für den menschlichen Organismus wichtiger Mineralstoff, der für nahezu alle Stoffwechselfunktionen benötigt wird. Bei herkömmlicher Kost nehmen wir leider oft zu wenig davon auf, sodass viele Menschen nicht ausreichend mit Magnesium versorgt sind. Kommt ein erhöhter Verlust über die Nieren dazu, treten häufig typische Mangelsymptome auf. Das können nicht nur Wadenkrämpfe, sondern auch Kopfschmerzen sein. Umgekehrt kann eine hohe Magnesiumzufuhr etwa die Häufigkeit von Migräneattacken deutlich senken.

Heute ist auch bekannt, dass eine geringe Magnesiumzufuhr das Risiko, an Diabetes Typ 2 zu erkranken, wesentlich erhöht. Neue Untersuchungen zeigen sogar eine Verbindung zwischen einem Magnesiummangel und einer stärkeren Gefährdung für plötzlichen Herztod, der oft von Herzrhythmusstörungen verursacht wird. Gerade Unregelmäßigkeiten bei der Herzfrequenz können ein frühes Anzeichen für einen Magnesiummangel sein. Eine ausreichende Magnesiumzufuhr kann diesen Symptomen vorbeugen. Wegen seiner großen Bedeutung wird Magnesium inzwischen auch als Überlebensmineral bezeichnet.

Achten Sie bei der Lebensmittelauswahl also auf eine ausreichende Magnesiumzufuhr. Ideal wären ungefähr 500 Milligramm am Tag. Leider kommt es bei der Zubereitung oft zu Verlusten. Beim Kochen können bis zu 50 Prozent des im Gemüse enthaltenen

Magnesiums ins Kochwasser übergehen (das oft einfach weggeschüttet wird). Dampfgaren ist wesentlich schonender und bewahrt das vorhandene Magnesium.

Wenn Sie die vegetarische LCHF-Ernährung zumindest zeitweise mit einer Kalorienreduzierung verbinden ▸ siehe Seite 34, kann es schwierig sein, genügend Magnesium zuzuführen. Aber hier lässt sich leicht Abhilfe schaffen: Zumindest in der Übergangsphase ist die Einnahme eines Magnesiumpräparats sinnvoll. Es sollte Magnesium in Form von Magnesiumcitrat enthalten, das vom Körper besonders gut verwertet wird. Indem Sie ungefähr 300 bis 400 Milligramm Magnesium pro Tag ergänzen, können Sie einen Magnesiummangel ausgleichen.

Säure-Basen-Ausgleich

Man hört immer wieder, dass eine ketogene Ernährung zu einer Ketoazidose führen könne – einer gefährlichen Entgleisung der Säurekonzentration im Blut ▸ siehe Seite 27. Zur Beruhigung sei gesagt, dass derartige Ketoazidosen ausschließlich als schwerwiegende Komplikation bei Diabeteskranken auftreten. Bei einer LCHF-Ernährung besteht diese Gefahr nicht.

In der Übergangsphase und während der Anpassung an eine kohlenhydratarme und fettreiche Ernährung empfiehlt es sich jedoch, auf den Säure-Basen-Haushalt zu achten. Die Standardernährung ist oft bereits mit einer Säurebelastung für den Körper

verbunden. Das hat zwar keine Auswirkungen auf den pH-Wert des Blutes, vermindert aber die Pufferkapazität und kann das Bindegewebe belasten. Es kann zu Beschwerden wie Verspannungen oder Schmerzen kommen. Chemisch gesehen gehören die Ketone Acetoacetat und Beta-Hydroxybutyrat zu den Säuren, aber in Ketose wird die Säurebelastung von basischen Substanzen gepuffert. Der pH-Wert des Blutes bleibt konstant. Die Voraussetzung dafür ist allerdings, dass die benötigten Basen auch in ausreichendem Umfang nachgeliefert werden. Nahrungsmittel, die uns mit Basen versorgen, sind insbesondere alle Gemüse und auch viele Obstsorten. Stark basische Gemüsesorten sind Spinat, Fenchel und Grünkohl. Beim Obst gelten Aprikosen, Kiwis und Johannisbeeren als besonders basisch.

Wer abnehmen möchte ▸ siehe Seite 34, muss besonders aufpassen: Bei einer reduzierten Gesamtkalorienzufuhr reicht die Menge der Basenträger, die Sie zu sich nehmen, vielleicht nicht aus. Hier kann eine Gemüsebrühe, die noch die basischen Inhaltsstoffe des Gemüses enthält, für Ausgleich sorgen. In der Übergangsphase und bei längerfristig reduzierter Kalorienzufuhr kann auch die zusätzliche Einnahme eines Basenpräparats sinnvoll sein. Wie bei der Magnesiumergänzung gilt: Citrathaltige Präparate sind vorzuziehen, da die Citrate genau den Basen entsprechen, die wir auch mit einer basischen Ernährung zu uns nehmen würden.

LCHF VEGETARISCH – DER GESUNDE DOPPELPACK

Es ist inzwischen weltweit anerkannt, dass eine vegetarische Ernährung große gesundheitliche Vorteile bietet, weil man viele gesunde pflanzliche Nahrungsmittel zu sich nimmt und eher ungesunde Produkte wie Wurstwaren meidet. Daneben zeigen viele neue Untersuchungen, dass die LCHF-Ernährung für viele Menschen eine geeignete Methode ist, den Stoffwechsel von der Glukoseverbrennung auf die Fettverbrennung umzustellen und so der Kohlenhydratfalle ▸ siehe Seite 20 zu entfliehen. Auch dies geht mit einer positiven gesundheitlichen Wirkung einher. Wenn man beide Ernährungsformen kombiniert, »verdoppelt« man gewissermaßen ihren Nutzen. Besonders gut ist eine ketogene Ernährung, also eine Reduktion der Kohlenhydrate, bis der Zustand der Ketose erreicht ist. Sie eignet sich auch hervorragend zur Gewichtsreduzierung.

Gesundheitsfaktor Ketose

Das Ziel jeder LCHF-Ernährung ist es, den Stoffwechsel so umzustellen, dass nun nicht mehr Glukose, sondern Ketone als Hauptenergielieferanten dienen. Diese Stoffwechselsituation wird als Ketose bezeichnet. Aber warum ist sie gut für den Körper?

Stoffwechselanpassung

Die Vorgänge bei dieser Umstellung des Stoffwechsels lassen sich wie folgt zusammenfassen: Wenn der Insulinspiegel im Körper sinkt, weil keine Kohlenhydrate mehr aus dem Darm im Blut ankommen, werden Mechanismen in Gang gesetzt, die schließlich den Abbau von Fett bewirken. Beim Fettabbau entstehen in der Leber kurzkettige Fettsäuren, die als Ketone oder Ketonkörper bezeichnet werden. Ketone gelangen leicht in alle Körperzellen, können dort zur Energiegewinnung verwendet werden und Glukose als Brennstoff ersetzen.

Damit der Körper Fett zur Energieversorgung heranzieht und eine relevante Menge von Ketonkörpern gebildet wird, dürfen aber nicht mehr als 50 Gramm Kohlenhydrate am Tag zugeführt werden. Beim Fasten ist das selbstverständlich. Bei herkömmlicher Ernährung, aber auch bei vielen Reduktionsdiäten werden deutlich mehr Kohlenhydrate verzehrt: Die Ketonbildung in der Leber unterbleibt. Darum sollte man auch bei der vegetarischen LCHF-Ernährung auf eine geringe Kohlenhydratzufuhr bei entsprechend höherem Fettgehalt der Mahlzeiten achten.

KETOSE OHNE FASTEN

Um die positive Wirkung der Ketone nutzen zu können, müssen wir zwar nicht gleich fasten. Aber wir müssen unsere Ernährungsgewohnheiten ein wenig ändern. Bei Standardkost sind in unserem Blut praktisch keine Ketone vorhanden. Sie werden nur gebildet, wenn die Kohlenhydratzufuhr reduziert, kein Insulin mehr ausgeschüttet und körpereigenes Fett abgebaut wird. Ein Teil der frei werdenden Fettsäuren kann dann die Energieversorgung der Muskulatur übernehmen. Ein anderer wird in der Leber

WICHTIG

KETOAZIDOSE – BEI LCHF NICHT ZU BEFÜRCHTEN

Die Ketose wird häufig mit der Ketoazidose verwechselt. Bei der Ketoazidose handelt es sich um eine lebensbedrohliche Stoffwechselentgleisung bei Diabetikern. Dabei werden Ketonkonzentrationen im Blut erreicht, die bis zu zehn Mal höher sind als bei der Ketose. Durch eine LCHF-Ernährung allein sind solche Ketonkonzentrationen nicht zu erreichen.

in Ketone umgewandelt, und insbesondere die Nervenzellen des Gehirns werden mit diesem »Superkraftstoff« beliefert.

MEHRTÄGIGE UMSTELLUNGSPHASE

Voraussetzung für diese positiven Effekte ist also, dass die Zufuhr von Kohlenhydraten reduziert wird. Erst wenn der Ketongehalt auf über 1 mmol/l (Millimol pro Liter) Blut steigt, tragen die Ketone wesentlich zur Energieproduktion bei. Diese Menge wird aber nur dann erreicht, wenn deutlich weniger als 100 Gramm, besser 50 Gramm Kohlenhydrate am Tag zugeführt werden.

INFO

KETOGENE ERNÄHRUNG ALS THERAPEUTISCHE MASSNAHME

Der positive Effekt einer Ketose lässt sich sogar therapeutisch nutzen. Seit beinahe hundert Jahren weiß man, dass Patienten mit Epilepsie von einer Ernährung mit sehr hohem Fettanteil profitieren. Auf diese Weise lässt sich die Häufigkeit von Krampfanfällen erheblich vermindern. Auch bei Patienten mit Enzymdefekten im Kohlenhydratstoffwechsel hat sich die ketogene Ernährung bewährt. Sie stellt für viele der Betroffenen die einzig mögliche Therapieform dar.

Hinzu kommt, dass auch unter diesen Bedingungen die notwendigen Stoffwechselprozesse erst eingeleitet werden müssen. Das dauert – ähnlich wie beim Fasten – ein paar Tage. Ist der Stoffwechsel umgestellt, können bei einer LCHF-Ernährung dann aber auch die verzehrten Nahrungsfette dafür sorgen, dass den Zellen immer genügend Energie zur Verfügung steht.

Bessere Fettverwertung – auch beim Sport

Aber auch wenn die Ketose noch nicht erreicht ist und das Gehirn noch nicht ausreichend mit Ketonen versorgt wird, hat der gesteigerte Fettabbau einen erheblichen Vorteil. Freigesetzte Fettsäuren landen nicht mehr in den Fettdepots, sondern werden direkt in der Muskulatur verbrannt. Die Speicherung von Fett wird vermieden. Dieser Aspekt ist auch für Sportler positiv. Gerade bei Ausdauersportarten kann die Energie für die Muskelkontraktion aus dem Umsatz von Fettsäuren gedeckt werden. Ist der Muskel jedoch nicht an die Verstoffwechselung von Fett angepasst, kommt es zu einem deutlichen Leistungsabfall, sobald die Kohlenhydratreserven aufgebraucht sind. Die Empfehlung, dies durch eine höhere Kohlenhydratzufuhr zu vermeiden, bringt oft nicht den erhofften Erfolg. Besser wäre es, die Fett verbrauchenden Mechanismen anzukurbeln. Dies gelingt am besten durch Einschränkung der Kohlenhydratzufuhr.

BIN ICH IN KETOSE?

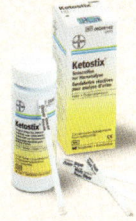

Jeder Mensch ist anders, und jeder hat eine andere Kohlenhydratgrenze für die Umstellung auf Fettverbrennung. Wer Gewissheit haben möchte, dass die Ketose erreicht ist, sollte deshalb die Ketonbildung im Körper messen.

Wie stark der Kohlenhydratkonsum eingeschränkt werden muss, ist individuell sehr verschieden. Manchen Menschen genügt die Reduzierung auf maximal 100 Gramm Kohlenhydrate pro Tag, um eine Ketose zu erreichen. Andere müssen ihren Verzehr auf 50 Gramm pro Tag zurückfahren. In einigen Fällen reicht selbst das noch nicht, sodass eine Einschränkung auf bis zu 20 Gramm notwendig sein kann. Wer es genau wissen will, nutzt deshalb die bestehenden Möglichkeiten zu messen, ob er bereits in Ketose ist.

MESSUNG ÜBER DEN URIN

In der ersten Phase der LCHF-Ernährung sind die Nieren noch nicht an die Stoffwechselumstellung angepasst, sodass noch eine geringe Menge der Ketone mit dem Urin ausgeschieden wird. Ein einfacher Test mit sogenannten Ketosticks hilft festzustellen, ob Ketone im Urin vorhanden sind. Taucht man einen solchen Stick in den Urin, lösen die Ketone eine Verfärbung aus, aus der sich anhand einer Vergleichsskala eine Aussage über den Ketongehalt im Blut treffen lässt.

Mit Ketosticks können Sie gerade zu Beginn der Umstellung auf LCHF leicht überprüfen, ob die Kohlenhydrate ausreichend reduziert wurden und eine Ketose erreicht ist. Sollten die Ketonwerte im Urin nach wenigen Tagen nicht messbar steigen, überprüfen Sie den Kohlenhydratgehalt Ihrer Nahrung. Möglicherweise verzehren Sie auch zu viel Protein, das zur Glukosebildung beitragen kann. Nach einer gewissen Zeit lässt die Ausscheidung der Ketone ohnehin nach. Dies ist ein Zeichen dafür, dass Ihr Stoffwechsel an den Abbau von Ketonen angepasst ist, die nun nicht mehr ausgeschieden, sondern überwiegend verbrannt werden.

MESSUNG ÜBER DEN ATEM

Bei vermehrter Ketonbildung entsteht auch Aceton, das zum Teil abgeatmet wird (was den zuweilen übel riechenden Atem beim Fasten erklärt). So lässt sich über die Atemluft bestimmen, ob die Ketose erreicht ist. Entsprechende Messgeräte sind erhältlich, aber teuer. Auch hier gilt, dass die Acetonbildung bei erreichter Ketose nachlässt.

Eine schützende Ernährung

Pflanzliche Nahrung bildet die Grundlage der vegetarischen LCHF-Ernährung. Umfangreiche Untersuchungen zeigen, dass ein hoher Obst- und Gemüseverzehr das Risiko für häufige Krankheiten wie Herz-Kreislauf-Erkrankungen, Übergewicht und einige Krebsarten verringert. Ferner ist bekannt, dass bei vielen Krankheiten dem Stoffwechselhormon Insulin eine entscheidende Bedeutung zukommt. Gerade von diesem Hormon wird aber bei der kohlenhydratarmen Ernährung wesentlich weniger benötigt – dies ist ein weiterer Pluspunkt für LCHF.

INFO

RISKANTER WURSTVERZEHR

Eine internationale Expertengruppe hat über 800 Studien ausgewertet und herausgefunden, dass verarbeitetes Fleisch das Krebsrisiko, insbesondere für Darmkrebs, erhöht. Dies gilt vor allem für Wurst und Speck, aber auch für konservierte Fleischsorten wie Corned Beef oder Fertigsoßen mit Fleisch. Weniger eindeutig fällt das Urteil bei rotem Fleisch aus. Hier kommen die Wissenschaftler zu dem Urteil, dass ein hoher Konsum vermutlich krebserregend ist.

Krebs

Ob eine vegetarische Ernährung das allgemeine Krebsrisiko verringert, ist umstritten. Bei entsprechenden Untersuchungen kann oft nicht zwischen der Ernährungsweise und anderen Einflussgrößen unterschieden werden ▶ **siehe Seite 9**. Allerdings weiß man, dass bei einer vegetarischen Ernährung üblicherweise die Zufuhr von einfach ungesättigten Fettsäuren erhöht ist. Gerade diesen Fettsäuren, die insbesondere in Olivenöl enthalten sind, wird ein Schutzeffekt zugeschrieben. Wichtiger ist vermutlich die bei einer vegetarischen Lebensführung geringere Belastung durch Risikofaktoren, die vor allem der Verzehr von rotem und verarbeitetem Fleisch mit sich bringt. Ein Verzicht auf Fleisch und Fleischprodukte oder zumindest die Reduzierung ihres Konsums dürfte daher mit einer Verminderung des Krebsrisikos verbunden sein.

Offenbar spielen auch große Mengen des Hormons Insulin im Blut bei der Entstehung von Krebs eine Rolle. Im Umkehrschluss heißt das, dass die Vermeidung einer Überproduktion von Insulin das allgemeine Krebsrisiko senken kann. Bei der Behandlung von Tumorerkrankungen wird inzwischen darauf geachtet, dass die Patienten einerseits den Konsum von Kohlenhydraten verringern und andererseits die Zufuhr von Fett steigern. Tumorzellen verarbeiten vor allem Glukose und wachsen bei einer eingeschränkten Glukosezufuhr weniger gut.

Herz-Kreislauf-Erkrankungen

Wie das Krebsrisiko ist auch das Risiko für Herz-Kreislauf-Erkrankungen bei Vegetariern geringer. Hier stellt sich erneut die Frage, ob dabei ausschließlich die vegetarische Ernährung günstig wirkt oder ob der positive Effekt dadurch zustande kommt, dass Risikofaktoren aus dem Verzehr von tierischen Nahrungsmitteln nicht mehr oder in geringerem Umfang vorhanden sind.

Ersetzt man Kalorien aus dem Verzehr tierischer Produkte durch Kalorien aus pflanzlichen Quellen, werden automatisch viele sogenannte Schutzfaktoren verzehrt. Denn Pflanzen enthalten große Mengen an Mikronährstoffen und Substanzen, die uns vor schädigenden Umwelteinflüssen bewahren können. Diese Antioxidantien sind in tierischen Lebensmitteln in deutlich geringerer Menge enthalten. Gerade den sekundären Pflanzeninhaltsstoffen wird eine große Schutzwirkung im Hinblick auf Arterienverkalkung und Herzinfarkt zugeschrieben.

FLOTTER FETTSTOFFWECHSEL

Eine LCHF-Ernährung kurbelt den Fettstoffwechsel an. Da Fett nun zügig verstoffwechselt wird, lagert es sich nicht in den Gefäßen ab – und gerade diese Ablagerungen können zu Herzinfarkt und Schlaganfall führen. Eine kohlenhydratarme Ernährung kann deshalb eine wichtige Säule bei der Vermeidung von Herz-Kreislauf-Krankheiten und Gefäßerkrankungen sein.

Diabetes Typ 2

Wer sich vegetarisch ernährt, nimmt meist mehr Ballaststoffe zu sich und verbessert damit seine Stoffwechselsituation bezüglich der Entwicklung einer Insulinresistenz ▶ siehe Seite 19. Wenn die Zellen unempfindlicher gegen unser wichtigstes Stoffwechselhormon werden, ist dies ein erster Schritt auf dem Weg zur Entstehung von Diabetes Typ 2. Gerade bei diesem Diabetestyp kann es von großem Nutzen sein, zudem auf eine LCHF-Ernährung umzustellen. Eine kohlenhydratarme Kost schont die Insulinproduktion. Je nachdem, wie stark die Aufnahme der Kohlenhydrate zurückgefahren wird, wird unter Umständen kaum noch Insulin benötigt. Stark übergewichtige Diabetiker können noch mehr erreichen: Wenn sie es schaffen, ihr Körpergewicht mithilfe einer LCHF-Ernährung ganz erheblich zu reduzieren ▶ siehe Seite 34, kann die Diabeteserkrankung sogar wieder verschwinden.

Oxidativer Stress

Für den großen Vorteil, den wir durch die Beteiligung von Sauerstoff an unserem Stoffwechsel erzielen, müssen wir leider den Nachteil in Kauf nehmen, dass gleichzeitig ein gewisser Anteil des Sauerstoffs in hochreaktive Teilchen umgewandelt wird – die freien Sauerstoffradikale. Während freie Radikale zum Beispiel in der Immunabwehr benötigt werden, kann ein Übermaß davon viele unserer Zellstrukturen schädigen.

Dunkelrotes und blaues Obst enthält viele schützende Antioxidantien. Greifen Sie zu!

Dies kann langfristig zur Entstehung von Krankheiten beitragen und zudem den Alterungsprozess beschleunigen.

Wenn der Körper nicht mehr in der Lage ist, alle freien Radikale zu beseitigen, wird dies als »oxidativer Stress« bezeichnet. Zusätzlich zu dem oxidativen Stress aus dem eigenen Stoffwechsel ist der menschliche Körper auch freien Radikalen aus der Umwelt ausgesetzt: UV-Strahlung, Luftverschmutzung, Rauchen etc. stellen eine zusätzliche Belastung für ihn dar.

Körpereigene Schutzmechanismen sorgen dafür, dass freie Radikale akut nicht allzu großen Schaden anrichten. Allerdings benötigen diese Schutzsysteme häufig bestimmte Substanzen, die wir mit der Nahrung aufnehmen müssen, unter anderem eine Reihe von Vitaminen und Mineralstoffen.

MIT DER KRAFT DER ANTIOXIDANTIEN

Abgesehen von den körpereigenen Schutzsystemen haben wir auch die Möglichkeit, über die Nahrung Stoffe zu uns zu nehmen, die freie Radikale beseitigen. Sie werden als »Antioxidantien« bezeichnet. Generell enthalten viele Pflanzen solche Antioxidantien. Durch ihren Verzehr können auch wir uns die antioxidativen Pflanzeninhaltsstoffe zunutze machen. Viele Antioxidantien sind intensiv gefärbt: Kräftig grünes Gemüse oder Salat sowie dunkelrotes oder blaues Obst enthalten viele Radikalfänger. Das gilt in besonderem Maße für die Anthocyane (rote, violette bis blaue Pflanzenfarbstoffe) aus Beerenobst. Weitere bekannte und wichtige Antioxidantien sind:

- Vitamin C und E
- Polyphenole aus Grüntee, Rotwein, Kakao
- Carotinoide wie Betacarotin aus Möhren
- Lycopin aus der Tomate
- Lutein aus dunklem Blattgemüse

FREILAND- STATT TREIBHAUSGEMÜSE

Pflanzen produzieren Antioxidantien, wenn sie mit Belastungen fertig werden müssen. Wird ein Blatt regelmäßig mit Sonnenlicht bestrahlt, enthält es viel mehr Antioxidantien als ein unbestrahltes Blatt. Verzehren Sie deshalb nach Möglichkeit Gemüse und Salat aus Freilandanbau. So nehmen Sie wesentlich mehr Antioxidantien zu sich als mit den gleichen Produkten aus Treibhausanbau. Im Winter ist Tiefkühlgemüse oder tiefgekühltes Obst eine gute Alternative. Das Gemüse oder Obst wird zum optimalen Zeitpunkt geerntet und hat so den höchsten Gehalt an wichtigen Inhaltsstoffen. Beim Einfrieren leidet die Qualität kaum.

KETONE SCHONEN NERVENZELLEN

Ein weiterer wesentlicher Aspekt der vegetarischen LCHF-Ernährung ist ein Schutzeffekt, der direkt auf die Bildung der Ketone zurückzuführen ist. Untersuchungen haben gezeigt, dass Zellen, die Ketone verstoffwechseln, wesentlich weniger freie Radikale produzieren. Da Ketone insbesondere vom Gehirn verwendet werden, führt dies zu einer geringeren Schädigung von Nervenzellen, die durch eine Überstimulation hervorgerufen werden kann.

Demenz und Alzheimer-Krankheit

Wenn wir dem Abbau unserer geistigen Fähigkeiten vorbeugen möchten, sind wir bei der vegetarischen LCHF-Ernährung ebenfalls richtig. Leider nimmt die Häufigkeit von Demenzerkrankungen in unserer Gesellschaft zu. In Deutschland leiden derzeit rund 1,5 Millionen Menschen an Demenz, und jährlich kommen etwa 40 000 Neuerkrankte hinzu. Eine der Ursachen für diese Probleme hat man erst in den letzten Jahren erkannt. Obwohl die Aufnahme von Glukose in das Gehirn insulinunabhängig erfolgt, benötigen unsere Nervenzellen eine gewisse Menge Insulin, um die Glukose richtig ver-

stoffwechseln zu können ▸ **siehe Seite 18**. Bei Patienten mit Demenz wurde festgestellt, dass der Umsatz von Glukose gestört ist. Als Folge des Energiedefizits im Gehirn kommt es zu den Demenzsymptomen. Insbesondere bei Patienten mit einer Erkrankung vom Typ Alzheimer konnte man zeigen, dass das Hormon Insulin nicht mehr ausreichend wirkt. Deshalb wird die Alzheimer-Krankheit von vielen Wissenschaftlern inzwischen als »Diabetes Typ 3« bezeichnet. Möglicherweise kommt es als Folge des Energiedefizits im Gehirn nun vermehrt zu oxidativem Stress ▸ **siehe Seite 31**, was schädigende Ablagerungen an den Nervenfasern begünstigt.

VORBEUGEN MIT LCHF

Diese neuen Erkenntnisse zeigen auch einen Weg zur Prävention von Demenz auf. Gelingt es, die Konzentration von Ketonen im Blut zu erhöhen, kann das Gehirn auf diesen alternativen Brennstoff zurückgreifen. Ein Energiedefizit wird vermieden. Ketone gelangen ohne das Zutun von Insulin in die Zellen. Sie werden auch verstoffwechselt, ohne dass dazu Insulin benötigt würde. Gleichzeitig verringern die Ketone die Belastung mit freien Radikalen. Eine vegetarische LCHF-Ernährung ist in dieser Hinsicht doppelt vorteilhaft: Sie schafft es, Ketone bereitzustellen, und kann eine hervorragende Versorgung mit antioxidativen Schutzsubstanzen gewährleisten. Beides trägt zum Erhalt der geistigen Fähigkeiten bei.

Abnehmen mit der vegetarischen LCHF-Ernährung

Eine kohlenhydratreduzierte Ernährung ist eine beliebte Möglichkeit, um abzunehmen. Bei Vegetariern ist die Übergewichtsproblematik oft weniger ausgeprägt als bei Personen, die Fleisch verzehren. Dennoch kann eine LCHF-Diät übergewichtigen Vegetariern einen guten Einstieg in die dauerhafte Gewichtsreduktion bieten. Die vegetarische LCHF-Ernährung ist außerdem für alle geeignet, die sich noch nicht mit der vegetarischen Ernährung beschäftigt haben, nun aber deren Vorteile nutzen wollen.

INFO

IHR KALORIENBEDARF

Der individuelle Kalorienbedarf ist von vielen Faktoren wie Geschlecht, Größe und Gewicht abhängig. Vereinfacht kann man sagen: Pro Kilogramm Körpergewicht werden täglich ungefähr 25 Kalorien für den Grundumsatz benötigt. Wenn man das Ergebnis mit dem Faktor 1,5 multipliziert, erhält man den Tageskalorienbedarf bei mittlerer Aktivität. Im Internet finden Sie auf vielen Seiten Kalorienrechner, die Sie bei der Berechnung Ihres individuellen Bedarfs unterstützen.

Jede Kalorie zählt!

Es klingt beinahe unglaublich, wenn man liest, wie Menschen mit einer kohlenhydratarmen und fettreichen Ernährung ihr Körpergewicht um viele Kilo reduzieren konnten. Dabei wird oft vergessen zu erwähnen, dass es nicht nur auf die Ernährungsumstellung ankommt. Auch bei der LCHF-Ernährung gilt der allgemeine Grundsatz, dass man nur abnimmt, wenn der Kalorienverbrauch größer ist als die Kalorienzufuhr.

So hilft LCHF beim Abnehmen

Zum Abnehmen müssen wir unseren Stoffwechsel umstellen. Das gelingt nicht von heute auf morgen, da viele Stoffwechselsysteme und -wege, die dafür benötigt werden, lange Zeit kaum oder gar nicht genutzt wurden. Denn die »normale« – also kohlenhydratreiche – Art zu essen führt dazu, dass fast immer Insulin in unserem Blut kreist. So werden unsere Zellen zwar mit dem Brennstoff Glukose versorgt, aber die Fettverbrennung wird stark eingeschränkt ▸ siehe Seite 19. Da wir mit Kohlenhydraten immer auch Fett verzehren, wird unter diesen Bedingungen ein großer Teil der aufgenommenen Nahrungsfette im Fettgewebe gespeichert. Solange aus dem Darm Glukose ins Blut nachgeliefert wird, wird weiter Insulin freigesetzt. Insulin hat zwar eine biologische Halbwertszeit von nur fünf Minuten. Aber die Ausschüttung endet erst, wenn der Kohlenhydratnachschub zum Erliegen kommt.

DURCH KOHLENHYDRATREDUKTION

Wenn wir die Kohlenhydrate reduzieren, die Glukosekonzentration im Blut daraufhin auf ein Minimum sinkt und die Ausschüttung von Insulin unterbleibt, kann sowohl verzehrtes Fett verbrannt als auch gespeichertes Fett freigesetzt werden. Dann gelingt der Abbau der Fettdepots, obwohl die Fettzufuhr über die Nahrung vermutlich höher ist als vorher. Die sogenannte Skaldeman-Ratio kann als Anhaltspunkt für ein zum Abnehmen geeignetes Verhältnis von Protein, Fett und Kohlenhydraten dienen ▸ siehe Seite 53.

DURCH INSULINPAUSEN

In der Entwicklungsgeschichte des Menschen war es zudem normal, dass zwischen den Gelegenheiten zur Nahrungsaufnahme oftmals viel Zeit verging ▸ siehe Seite 36. Wir können deshalb gut damit umgehen, wenn wir auch einmal etwas länger nichts essen. Gewöhnen Sie sich also daran, mindestens 4 bis 5 Stunden Pause zwischen den Mahlzeiten zu machen – nicht nur, solange Sie Diät halten. Wer es schafft, kann auch gut mit zwei Mahlzeiten täglich auskommen. Zwischenmahlzeiten sind damit »out«.

Intermittierendes Fasten

Eine sehr gute Methode, um abzunehmen und der Fettaktivierung auf die Sprünge zu helfen, ist das intermittierende Fasten. Dabei müssen zusammenhängende Essenspausen von mindestens 16 Stunden am Tag eingehalten werden. Es ist auch möglich, ein bis zwei Tage in der Woche ganz aufs Essen zu verzichten und lediglich genügend Flüssigkeit zu sich zu nehmen. In Kombination mit einer fettreichen Ernährung an den anderen Wochentagen wird auf diese Weise schnell eine Ketose erreicht. Die Umstellung auf den Ketosestoffwechsel gelingt durch zusätzliche Fastenphasen also wesentlich schneller. Diese Strategie hat auch den Vorteil, dass unsere Hungermechanismen, die überwiegend durch den schwankenden Glukosespiegel im Blut und die Insulinausschüttung gesteuert werden, nicht mehr anspringen. Das Abnehmen fällt deutlich leichter.

Bewegung hilft mit

Bewegung ist zweifellos gesund. Allerdings wird etwas mehr Bewegung bei den meisten Menschen nicht reichen, damit sie abnehmen. Denn unser Körper geht mit seiner Energie sehr sparsam um, und bei mäßiger sportlicher Anstrengung werden nicht viele Kalorien zusätzlich benötigt. Bei 30 Minuten mittelschnellem Joggen werden etwa 400 bis 450 Kalorien verbraucht – das entspricht ungefähr der Menge an Kalorien, die in 100 Gramm Kohlenhydraten oder aber in 50 Gramm Fett stecken.

Zum Abnehmen ist deshalb eine Kombination ideal, die sich aus einer vegetarischen und kohlenhydratreduzierten Kost mit verminderter Kalorienzufuhr und gesteigerter sportlicher Bewegung zusammensetzt.

WARUM SIND WIR DICK?
EIN AUSFLUG IN UNSERE GESCHICHTE

Damit wir langfristig abnehmen können, müssen wir verstehen, warum das Problem mit dem Übergewicht überhaupt entstanden ist. Einer der Gründe dafür ist, dass unser Körper noch in der Steinzeit lebt.

Im Grunde arbeitet unser Stoffwechsel noch genauso wie bei unseren Vorfahren in der Steinzeit. Bisher haben wohl 100 000 Generationen von Menschen auf der Erde gelebt. Da sich die Landwirtschaft erst vor ungefähr 500 Generationen entwickelt hat, ist davon auszugehen, dass unsere Vorfahren den weitaus größten Teil der Entwicklungsgeschichte als Jäger und Sammler bestritten.

DER STEINZEITKÖRPER: AUF ENERGIE-SPAREN EINGESTELLT

Das prägt uns bis heute. Lebensmittel waren in der Steinzeit oft nicht verfügbar, und für die Menschen bestand die einzige Chance zu überleben darin, von den eigenen Reserven zu zehren – von ihrem Fett. Fett war also überlebenswichtig. Das bedeutete, sobald eine andere Energiequelle zur Verfügung stand, wurde die Fettverbrennung umgehend eingestellt.

Jedes Mal, wenn unseren Vorfahren Erfolg bei der Jagd beschieden war oder sie ener-

giereiche Knollen, Blätter oder Früchte gefunden und verzehrt hatten, wurde der Abbau von Fett in ihrem Körper sogleich gestoppt. Darüber hinaus wurden mit allen zugeführten Kalorien, die nicht direkt verbraucht wurden, die Fettspeicher gefüllt. Trotz alledem dürften unsere Vorfahren nicht von Übergewicht geplagt gewesen sein. Das hat den einfachen Grund, dass ihnen bei Weitem nicht regelmäßig Nahrung zur Verfügung stand.

STETIGERE NAHRUNGSVERSORGUNG DURCH LANDWIRTSCHAFT

Das änderte sich erst, nachdem sich die Landwirtschaft mit der gezielten Produktion von Getreide sowie die Viehwirtschaft entwickelt hatten. Die Vorteile einer planbaren Nahrungsproduktion einschließlich Vorratswirtschaft sind offensichtlich. Sie führten dazu, dass die Menschen sesshaft wurden und sich die verschiedenen Kulturen und Lebensweisen entwickelten.

Solange unsere Vorfahren aber weiterhin hart für die Beschaffung oder die Herstellung von Nahrungsmitteln arbeiten mussten, war Übergewicht nach wie vor kein vorherrschendes Problem. Es betraf auch nach Einführung der Landwirtschaft nur wenige Menschen in den besonders wohlhabenden Bevölkerungsschichten. Erst in den letzten Jahrzehnten hat sich die moderne westliche Gesellschaft dahin entwickelt, dass Lebensmittel überall und jederzeit verfügbar sind.

EIN BESONDERER SENSOR FÜR DEN SÜSSEN GESCHMACK

Da es in der Steinzeit ein Überlebensvorteil war, den Kaloriengehalt von potenziellen Nahrungsmitteln feststellen zu können, ist unser Sensor für den süßen Geschmack sehr dominant. Er signalisiert dem Körper: »Stehen bleiben und alles aufessen!« Denn wer weiß, wann man wieder etwas findet? Leider haben wir dieses Verhalten bis heute nicht abgelegt, aber nun finden wir süße Sachen an jedem Kiosk und in jedem Küchenschrank.

DAS ESSVERHALTEN AN DEN KÖRPER ANPASSEN

Um abzunehmen, müssen wir zunächst einmal erkennen, dass wir unser gegenwärtiges Essverhalten an unseren (Steinzeit-)Körper anpassen und die Kohlenhydrate reduzieren müssen. Das ist zwar nicht leicht, aber es ist machbar, wenn wir die Phase der Umstel-

lung überwunden haben – denn natürlich kannten gerade unsere Steinzeitvorfahren lange Phasen ohne Kohlenhydrate. Damals ließ die Aktivierung des Fettstoffwechsels sie überleben. Heute sind wir in der glücklichen Situation, uns nicht mehr wie unsere Vorfahren auf unseren Jagderfolg verlassen zu müssen. Die Landwirtschaft versorgt uns das ganze Jahr über mit Gemüse, Obst, Nüssen, Fetten und Ölen, aber auch mit Eiern und Milch. Dadurch ermöglicht sie uns heute auch eine vegetarische und kohlenhydratarme Ernährung – eine Kostform, die in der Steinzeit sicher die Ausnahme, wenn nicht sogar unmöglich war.

In der Steinzeit war Nahrung nicht ständig verfügbar. Ihre Beschaffung kostete viel Energie.

LCHF VEGETARISCH IN KÜCHE UND ALLTAG

DIE UMSTELLUNG AUF DIE VEGETARISCHE LCHF-ERNÄHRUNG ERFORDERT EIN PAAR ÄNDERUNGEN. SIE MÜSSEN ALTE VORSTELLUNGEN ÜBER LEBENSMITTEL ÜBER BORD WERFEN UND SOGAR DIE MAHLZEITEN ÜBERDENKEN. WIR ZEIGEN, WIE DER EINSTIEG KLAPPT.

NEUE NÄHRSTOFFLIEFERANTEN

Vollkornbrot, Müsli, Magerquark, Margarine, Kartoffeln, Bananen – das sind Beispiele für Lebensmittel, die in der vegetarischen LCHF-Ernährung nicht mehr viel zu suchen haben. Unseren Kalorienbedarf müssen wir durch die Auswahl gesunder Fette und Öle, durch viel Gemüse, Salat, Nüsse, ausgewählte Sämereien und Pilze decken. Hinzu kommen Produkte aus pflanzlichem Protein, die vielleicht für viele neu sind. Grundsätzlich

sollten die wichtigen Mikronährstoffe durch den Verzehr von Gemüse, Salat und etwas Obst zugeführt werden. Lebensmittel wie Chia-Samen, aber auch Tempeh oder Tofu können den Speisezettel bereichern. Altbekanntes hat ebenfalls seinen Platz: Die häufig vernachlässigten Hülsenfrüchte können uns mit Protein versorgen, ebenso wie Pilze und Nüsse. Fette Milchprodukte und Eier sichern ein gesundes Nährstoffspektrum.

Die »vegetarischen« Proteine

Eine wichtige Nährstoffsäule sind die Proteine. In der vegetarischen LCHF-Ernährung haben Sie auch ohne Fleisch, Fisch und Geflügel jede Menge Möglichkeiten, täglich ausreichend Protein zu sich zu nehmen. Sie können zum einen ausschließlich pflanzliches Eiweiß aus Hülsenfrüchten, Gemüse, Pilzen und Nüssen wählen. Andererseits stehen Ihnen auch die in der vegetarischen Ernährung durchaus erlaubten Milchprodukte und Eier für eine abwechslungsreiche Mahlzeitenplanung zur Verfügung.

Pflanzliche Proteinlieferanten

Eiweiß ist Bestandteil aller Zellen. Das bedeutet, dass auch Pflanzen Eiweiß enthalten – allerdings in geringerem Umfang als die tierischen Produkte. Eiweiß besteht aus verschiedenen Aminosäuren, die in unserem Körper zum Beispiel als Baustoffe für Enzyme oder Muskelfasern dienen. Die Zusammensetzung von tierischem Protein hat größere Ähnlichkeit mit der Zusammensetzung des Proteins im menschlichen Körper als das Protein der Pflanzen. Aus diesem Grund ist der biologische Wert von pflanzlichem Eiweiß etwas geringer. Durch die Zusammenstellung von Proteinen aus verschiedensten pflanzlichen Quellen lässt sich dieser Unterschied jedoch ohne Probleme ausgleichen. Verzehren Sie Hülsenfrüchte – zum Beispiel Erbsen, Linsen, Bohnen oder

Sojabohnen – mit Gemüse, Pilzen und Nüssen, um eine ähnliche biologische Wertigkeit wie bei Protein aus Fleisch zu erreichen. So können Sie den Proteinbedarf decken ▸ **siehe Seite 21** und den Körper ausreichend mit den wichtigen Aminosäuren versorgen. Traditionelle Sojaprodukte wie Tofu und Tempeh können dabei ebenfalls helfen.

Wählen Sie fette Milchprodukte

Wie Sie wissen, kann auch der Verzehr größerer Proteinmengen die Ausschüttung von

INFO

FLEISCHERSATZPRODUKTE

Inzwischen gibt es ein breites Angebot von vegetarischen Fleischersatzprodukten auf dem Markt. Vegetarische Würste oder Burger sind in fast allen Supermärkten zu finden. Gewöhnlich basieren streng vegetarische – also vegane – Produkte auf Protein aus Hülsenfrüchten oder Getreide. In weniger streng vegetarischen Nahrungsmitteln wird Fleisch durch Eiprotein ersetzt. Bitte beachten Sie: Wie bei der Herstellung konventioneller Wurstwaren ist auch bei vegetarischen »Würsten« der Einsatz von Salz, Aromen und Konservierungsmitteln hoch.

Insulin veranlassen und damit verhindern, dass der Körper Ketone produziert ▶ **siehe Seite 21**. Fettarme Proteinquellen wie Magerquark sind deshalb weniger sinnvoll als beispielsweise Quark mit hohem Fettgehalt. Es empfiehlt sich, grundsätzlich eher auf fettreiche Proteinquellen wie fette Käsesorten zurückzugreifen. Darüber hinaus haben Sie immer auch die Möglichkeit, konzentriertes Protein mit gesundem Öl »aufzufetten«. Das gilt natürlich auch für pflanzliches Protein, zum Beispiel aus Sojabohnen.

Erwähnenswert ist, dass einige Milchprodukte wie Joghurt, Kefir oder auch die Milch selbst Kohlenhydrate enthalten, die sich abhängig von der verzehrten Menge summieren können. Werfen Sie deshalb stets einen Blick auf die Zutatenliste, um zu prüfen, wie viele Kohlenhydrate Sie damit aufnehmen.

siehe Seite 21

Milchprodukte und Eier sind auch in der vegetarischen Ernährung erlaubte Proteinquellen.

Gesunde Fette und Öle

Naturgemäß ist bei einer kohlenhydratarmen, aber fettreichen Ernährung die Wahl der richtigen Fette von sehr großer Bedeutung. Grundsätzlich wird zunächst eine Unterscheidung zwischen gesättigten und einfach oder mehrfach ungesättigten Fettsäuren getroffen. Der Begriff »ungesättigt« drückt aus, dass in diesen Fettsäuren noch Doppelbindungen enthalten sind, die chemisch weiter reagieren können.

Gesättigte Fettsäuren

Fette mit gesättigten Fettsäuren sind chemisch stabil und werden beim Erhitzen kaum verändert. Es wird ihnen eine negative Wirkung auf den Blutcholesterinspiegel nachgesagt, die jedoch nicht zum Tragen kommt, wenn sie schnell zur Energiegewinnung herangezogen werden – wie bei der LCHF-Ernährung. Gesättigte Fette aus Pflanzenölen (wie Kokosöl) oder Milchfett (wie Butter) können deshalb ohne Bedenken verwendet werden.

Ungesättigte Fettsäuren

Die ungesättigten Fettsäuren genießen ein besseres Ansehen, besonders die mehrfach ungesättigten Omega-3-Fettsäuren. Lebensmittel wie fetter Seefisch, die diese Fettsäuren enthalten, können vor Arterienverkalkung schützen. Für Vegetarier gibt es auch Pflanzenöle, die zur Versorgung mit Omega-3-Fettsäuren beitragen können. Lein- und Rapsöl enthalten Alphalinolensäure, eine Vorstufe der Omega-3-Fettsäuren. Da nur ein geringer Teil der Alphalinolensäure in Omega-3-Fettsäuren umgewandelt wird, sollte man möglichst viel von diesen Ölen verzehren. Ein weiteres gesundes Fett ist das Olivenöl mit seinem hohen Gehalt an einfach ungesättigter Ölsäure. Etwas weniger günstig sind die mehrfach ungesättigten Fettsäuren der Omega-6-Reihe, die zum Beispiel in Sonnenblumenöl, Distelöl oder Weizenkeimöl enthalten sind. Darum sollten wir auf ein günstiges Verhältnis von Omega-6- zu Omega-3-Fettsäuren achten. Ideal ist ein Verhältnis von 2:1 bis 3:1.

Vorsicht: Transfettsäuren!

Wenn Lebensmittel viele ungesättigte Fette enthalten, können bei längerer Lagerung und durch Kontakt mit dem Sauerstoff in der Luft Substanzen entstehen, die unangenehm schmecken. Vielleicht ist Ihnen aufgefallen, dass die selbst gebackenen Plätzchen einiges an Geschmack einbüßen, wenn sie länger liegen. Oft ist die Oxidation der Fettsäuren in der zum Backen verwendeten Butter oder Margarine schuld daran.

Um Geschmacksbeeinträchtigungen zu vermeiden, werden für industriell hergestellte Lebensmittel mit langer Haltbarkeit überwiegend Fette verwendet, bei denen die Doppelbindungen chemisch entfernt wurden. Dabei verändert sich die Konsistenz von flüssig zu fest, sodass man von gehärteten Fetten spricht. Sie können durch Sauerstoff nicht weiter verändert werden, das »Ranzigwerden« wird verhindert. Beim industriellen Prozess der Fetthärtung können ungesättigte Fettsäuren allerdings zu sogenannten Transfettsäuren werden. Wie sich gezeigt hat, birgt gerade der Verzehr von Transfettsäuren ein erhöhtes gesundheitliches Risiko für Arteriosklerose und damit für Herzinfarkt und Schlaganfall. Da Lebensmittel mit Transfetten häufig auch größere Mengen an gesättigtem Fett enthalten,

KÖSTLICH GESUNDES KOKOSÖL

Ein ungewöhnlich gesundes Fett ist das Öl der Kokosnuss. Kalt gepresstes »Virgin Coconut Oil« – vorzugsweise aus ökologischem Anbau – hat einen hohen Anteil (rund 50 Prozent) an mittelkettigen Fettsäuren. Das Besondere daran ist, dass diese Fettsäuren rasch aus dem Darm aufgenommen und in der Leber in Ketonkörper umgewandelt werden. So lässt sich damit wesentlich schneller eine Ketose erreichen als mit anderen Fetten. Von den in Deutschland üblicherweise verwendeten Fetten hat nur die Butter einen bedeutsamen Anteil (rund 10 Prozent) an mittelkettigen Fettsäuren. Leider wird häufig behauptet, dass Kokosöl weniger gesund sei, da es überwiegend gesättigte Fettsäuren enthält. Aber

auch hier ist die Wissenschaft einem Irrtum erlegen. Wie man inzwischen weiß, wird Kokosfett nicht nur schnell verstoffwechselt und hat zudem eine »ketogene« Wirkung. Es besitzt auch viele weitere gesundheitliche Vorteile. So kann es zum Beispiel die Darmflora günstig beeinflussen und schützt bei äußerlicher Anwendung die Haut.

wurde das Risiko lange Zeit fälschlicherweise dem Verzehr von gesättigten Fetten im Allgemeinen zugeschrieben.

Verwenden Sie Kokosöl oder Butterschmalz zum Braten

Transfettsäuren können aber auch durch das starke Erhitzen der Öle beim Braten entstehen. Die mehrfach ungesättigten Fette der Omega-6-Reihe können besonders leicht in Transfettsäuren umgewandelt werden. Reduzieren Sie deshalb den Konsum von Sonnenblumenöl, Weizenkeimöl, Sojaöl und Distelöl sowie von Margarine, die aus diesen Ölen hergestellt wurde. Verwenden Sie zum Braten in erster Linie Kokosöl oder Butterschmalz. Grundsätzlich sind beim Braten hohe Temperaturen möglichst zu vermeiden. Braten Sie deshalb lieber bei niedrigerer Temperatur, aber dafür ein wenig länger.

Geeignete Kohlenhydrate

Bei der vegetarischen LCHF-Ernährung ist die Auswahl einfach, aber eingeschränkt. Viele Lebensmittel, welche die Grundlagen einer klassisch vegetarischen Ernährung bilden, fallen einfach weg: Getreideprodukte sowie Kartoffeln, Reis, Stärke und Zucker sind für die LCHF-Ernährung eher ungeeignet. Das heißt, die gewünschte Menge an Kohlenhydraten sollte so gut wie ausschließlich aus Gemüse, Salat und ein wenig Obst stammen. Einen Überblick über den Kohlenhydratgehalt einzelner Nahrungsmittel können Sie sich mithilfe von Lebensmitteltabellen und einem Ernährungstagebuch verschaffen ▸ siehe Seite 56.

Gemüse und Obst

Grundsätzlich gilt: Da der relative Gehalt von Kohlenhydraten in Gemüse und Salat gering ist, können Sie größere Mengen davon verzehren. Das schmeckt gut und hilft, Probleme zu vermeiden, die wir uns durch einen zu hohen Proteinkonsum einhandeln könnten ▸ siehe Seite 21. Aber beachten Sie, dass einige Gemüsesorten relativ viele Kohlenhydrate enthalten. Dies sind in erster Linie Wurzelgemüse wie Möhren, Süßkartoffeln oder Rote Beten. Weitere Orientierung gibt die Tabelle zum Kohlenhydratgehalt ausgewählter Gemüsesorten ▸ siehe Seite 46. Obst hat einen höheren Gehalt an Kohlenhydraten als Gemüse oder Salat. Meist können Sie den enthaltenen Zucker sogar sehr gut schmecken! Verzichten Sie trotzdem nicht darauf, denn das Obst versorgt uns mit wichtigen Vitaminen und antioxidativen Schutzstoffen. Trockenfrüchte wie Rosinen oder Datteln haben allerdings einen sehr hohen Zuckeranteil, den Sie bei der Mahlzeitenplanung unbedingt berücksichtigen sollten ▸ siehe Tabelle Seite 49.

WICHTIG

GLYKÄMISCHER INDEX – GLYKÄMISCHE LAST

Bei den Kohlenhydratlieferanten müssen wir nicht nur darauf achten, wie viele Kohlenhydrate in einem Nahrungsmittel enthalten sind. Wir müssen auch bedenken, wie schnell diese Kohlenhydrate in Form von Glukose im Blut ankommen. Ausschlaggebend dafür ist, wie zügig die Kohlenhydrate im Darm in die einzelnen Glukoseeinheiten gespalten werden. Dieser Vorgang dauert zum Beispiel bei Hülsenfrüchten länger als beim Obst. Ein Maß dafür, wie schnell ein Lebensmittel die Blutglukose erhöht, ist der sogenannte glykämische Index. Die glykämische Last berücksichtigt diesen Wert und die absolute Menge an Kohlenhydraten.

DER KOHLENHYDRATGEHALT AUSGEWÄHLTER GEMÜSESORTEN

Viele Salate und Gemüse sind eher kohlenhydratarm. Wurzelgemüse und Hülsenfrüchte können dagegen größere Mengen an Kohlenhydraten enthalten. Die folgende Übersicht zeigt, bei welchen Sorten Sie bedenkenlos zugreifen können und wo Sie auf die Portionen achten sollten.

	Kilokalorien (kcal)/100 g	resorbierbare Kohlenhydrate in g/100 g*
Frische Salate		
Chicorée	18	2,6
Eisbergsalat	13	1,6
Endivien	11	0,3
Feldsalat	15	0,7
Kopfsalat	12	1,2
Radicchio	14	1,5
Römersalat	16	1,7
Frisches Gemüse		
Artischocke	23	2,6
Aubergine	17	2,5
Batate (Süßkartoffel)	108	23,2
Blattspinat	18	0,6

	Kilokalorien (kcal)/100 g	resorbierbare Kohlenhydrate in g/100 g*
Blumenkohl	23	2,4
Bohnen, grün	25	3,4
Brokkoli	27	2,5
Chinakohl	13	1,2
Dicke Bohnen	84	12,5
Fenchel	23	2,8
Gemüsepaprika, grün	20	3,0
Gemüsepaprika, rot	37	6,4
Grünkohl	37	2,6
Kartoffel, geschält	74	15,6

	Kilokalorien (kcal)/100 g	resorbierbare Kohlenhydrate in g/100 g*
Knoblauch	140	27,6
Knollensellerie	19	2,3
Kohlrabi	26	4,1
Kohlrübe (Steckrübe)	30	5,7
Kürbis	27	4,9
Lauch	26	3,5
Mangold	25	3,0
Maniok	137	32,1
Meerrettich	62	11,5
Möhre	30	5,9
Okra	21	2,3
Radieschen	14	2,2
Rettich	14	2,2
Rhabarber	13	1,3
Rosenkohl	37	3,7
Rote Bete	43	8,5
Rotkohl	24	3,7
Salatgurke	12	1,7
Schwarzwurzel	16	1,9
Spargel	20	2,4

	Kilokalorien (kcal)/100 g	resorbierbare Kohlenhydrate in g/100 g*
Staudensellerie	17	2,4
Tomate	19	3,0
Topinambur	31	4,0
Weißkohl	25	4,2
Wirsing	26	2,7
Zucchini	20	2,2
Zuckermais	90	15,9
Zwiebel	31	5,7
Frische Pilze		
Champignon	15	0,5
Morchel	12	0,5
Pfifferling	13	0,2
Shiitake	42	12,3
Steinpilz	21	0,5
Hülsenfrüchte		
Bohnen, weiß	273	42,2
Erbsen	278	41,9
Kichererbsen	268	38,3
Kidneybohnen	251	36,5
Linsen	309	49,3

* verwertbare Kohlenhydrate ohne Ballaststoffanteil

DER KOHLENHYDRATGEHALT AUSGEWÄHLTER OBSTSORTEN

Obst ist ein fester Bestandteil der vegetarischen Ernährung. Es wird gerne zum Frühstück, als Snack und als süßer Abschluss einer Mahlzeit verzehrt. Aber süß bedeutet meist auch kohlenhydratreich. Hier können Sie sehen, wie stark bestimmte Obstsorten hinsichtlich der Kohlenhydrate zu Buche schlagen.

	Kilokalorien (kcal)/100 g	resorbierbare Kohlenhydrate in g/100 g*
Frisches Obst		
Ananas	56	12,4
Apfel	53	11,7
Aprikose	43	8,7
Avocado	188	0,4
Banane	95	21,3
Birne	52	12,3
Boysenbeere	38	7,2
Brombeere	33	3,3
Brotfrucht	114	25,6
Dattel	288	66,8
Erdbeere	35	6,1
Feige	68	14,5

	Kilokalorien (kcal)/100 g	resorbierbare Kohlenhydrate in g/100 g*
Granatapfel	78	16,8
Grapefruit	47	8,1
Guave	37	6,3
Hagebutte	107	18,8
Heidelbeere	48	8,8
Himbeere	36	5,3
Holunderbeere	49	7,8
Johannisbeere, rot	45	7,7
Johannisbeere, schwarz	56	10,0
Johannisbeere, weiß	52	9,5

	Kilokalorien (kcal)/100 g	resorbier- bare Kohlen- hydrate in g/100 g*
Kaki	72	16,3
Kaktusbirne	39	7,6
Kiwi	61	10,9
Kumquat	67	14,1
Litschi	75	16,6
Mandarine	51	10,2
Mango	63	13,5
Maulbeere	44	8,1
Mirabelle	64	13,9
Mispel	49	10,6
Moosbeere	36	3,9
Nektarine	57	12,4
Orange	47	9,3
Papaya	13	2,4
Passions- frucht	80	13,4
Pfirsich	41	9,0
Pflaume	47	10,0
Preiselbeere	39	7,1
Quitte	41	8,0
Reineclaude	62	13,3
Sanddorn- beere	93	4,9

	Kilokalorien (kcal)/100 g	resorbier- bare Kohlen- hydrate in g/100 g*
Sauer- kirsche	57	11,0
Schlehe	71	12,1
Stachel- beere	42	8,1
Süßkirsche	64	13,4
Vogelbeere	99	20,3
Wasser- melone	37	7,9
Weintraube, rot	71	15,6
Weintraube, weiß	71	15,6
Zitrone	56	7,9
Trockenfrüchte		
Dattel	293	68,1
Feige	307	65,2
Rosine	298	66,2
Sultanine	298	66,2

* verwertbare Kohlenhydrate ohne Ballaststoffanteil

SO GELINGT DER UMSTIEG AUF LCHF VEGETARISCH

Die Umstellung auf eine vegetarische und zugleich kohlenhydratarme Ernährung erfordert die Bereitschaft, von althergebrachten Ernährungsmustern abzurücken. Hat der Körper erst einmal gelernt, sich ausgiebig bei seinen Fettreserven oder dem verzehrten Fett zu bedienen, ist es zum Beispiel nicht mehr nötig, starr an drei Hauptmahlzeiten festzuhalten oder gar Zwischenmahlzeiten einzuplanen. Essen Sie nur, wenn Sie wirklich Hunger haben. Wenn Sie den Menschen in Ihrem Umfeld erklären, warum Sie sich für diese Ernährungsweise entschieden haben, wird man Sie sicher verstehen und nicht mehr zum Essen verführen. Damit Sie auch außer Haus gut versorgt sind, können Sie Mahlzeiten zum Mitnehmen vorbereiten. Viele der Gerichte im Rezeptteil dieses Buches können Sie vorkochen, portionieren und für die Mittagspause einpacken.

Tipps für die Umstellung

Der Einstieg in die vegetarische Form der LCHF-Ernährung erfordert ein gewisses Umdenken. Es gibt einige Grundsätze, die Sie beachten sollten, um den nachhaltigen Erfolg dieser Veränderung zu sichern.

LCHF ist keine Diät!

Wenn Sie sich für die LCHF-Ernährung entscheiden, sollten Sie diese Umstellung zeitlich nicht begrenzen. Die Evolution hat den Menschen über Jahrmillionen an eine kohlenhydratarme Ernährung angepasst, und unser Stoffwechsel ist ausgezeichnet in der Lage, mit dieser Kostform umzugehen ▸ siehe Seite 36. In der sogenannten Paleo-Ernährung (oder Steinzeit-Ernährung) spielte das Fleisch von gejagten Tieren noch eine wichtige Rolle. Dank der Verfügbarkeit von Gemüse, Pflanzenölen, Eiern und Milchprodukten kann heute aber ohne Weiteres eine vegetarische Variante der LCHF-Ernährung gewählt werden, die ernährungsbedingte Mangelsituationen ausschließt.

Qualität ist besonders wichtig

Nach der Umstellung auf eine kohlenhydratarme Ernährung werden Sie bemerken, dass Sie mit weniger Lebensmitteln auskommen als bisher. Daher ist es besonders wichtig, auf die Qualität der Nahrungsmittel zu achten. Bei Obst und Gemüse ist die Verwendung regionaler und saisonaler Produkte wichtig. Versuchen Sie das Gemüse, die Salate und das Obst direkt von Bauern zu beziehen. Es muss nicht immer gleich »bio« sein. Trotzdem sollten Sie sich bei den Anbietern erkundigen, wie sie ihre Lebensmittel produzieren. Bei Milch und Milchprodukten sollten Sie darauf achten, dass sie von Kühen stammen, die auf der Weide gehalten oder zumindest mit Heu gefüttert werden. Diese Tiere produzieren Milch mit wesentlich besseren Inhaltsstoffen. In vielen Lebensmittelgeschäften bekommen Sie inzwischen Informationen über die Herkunft der Milchprodukte.

Nährtstoffgehalt prüfen

Kohlenhydrat-, Fett- und Proteingehalt müssen auf verpackten Nahrungsmitteln angegeben werden. Wählen Sie grundsätzlich Produkte mit geringem Kohlenhydratgehalt oder günstiger Skaldeman-Ratio ▸ siehe Seite 53. Bei Käse und Milchprodukten kann der Kohlenhydratgehalt sehr unterschiedlich ausfallen. Besonders bei Fertigprodukten wie Joghurts verstecken sich häufig überraschend viele Kohlenhydrate in einer Portion. Achten Sie auch auf den Proteingehalt. Pro Tag sollten Sie nicht mehr als maximal 2 Gramm, besser 1,5 Gramm Protein pro Kilogramm Körpergewicht zu sich nehmen. Zu viele Proteine können letztlich eine ähnliche Wirkung haben wie der Verzehr von Kohlenhydraten ▸ siehe Seite 21. In der ersten Zeit der Umstellung wird es auch sinnvoll

Gesunde Fette sind in der LCHF-Ernährung wichtig. Trotzdem sollten Sie nicht übertreiben.

sein, mit Kalorientabellen zu arbeiten. Es ist nämlich nicht möglich, die wegfallenden Kohlenhydrate durch die gleiche Menge an Fett zu ersetzen, da Fett pro Gramm mehr als doppelt so viele Kalorien enthält.

Nicht zu viel Fett auf einmal

Wenn Sie zu viel Fett auf einmal verzehren, kann es in der Übergangsphase zu weichen Stühlen bis hin zum Durchfall kommen. Das liegt daran, dass sich der Darm erst an die höhere Fettmenge gewöhnen muss. Sollten Sie derartige Symptome oder den sogenannten »Fettstuhl« feststellen, reduzieren Sie die Fettmengen Ihrer Mahlzeiten. Verstopfungsprobleme werden bei einer vegetarischen LCHF-Ernährung der Vergangenheit angehören. Da Sie Gemüse und Salat in

großen Mengen verzehren, werden Sie auch mit einer gehörigen Portion Ballaststoffe versorgt. Nach einer Umstellungsphase wird sich der Darm an die regelmäßige Zufuhr größerer Fettmengen angepasst haben. Die fettverdauenden Enzyme werden nun in entsprechend größeren Mengen hergestellt, und die oben genannten Symptome werden daraufhin verschwinden.

Zusatzstoffe aller Art meiden

Bei der LCHF-Ernährung werden Sie deutlich mehr Fett verwenden, als Sie es bisher gewohnt waren. Fett ist für die meisten Aromen ein wichtiger Lösungsvermittler. Unsere Geschmacksknospen können diese Stoffe in der Verbindung mit Fett wesentlich besser wahrnehmen. Die gehobene Küche nutzt diese Wirkung seit längerer Zeit, indem sie Speisen mit Butter verfeinert. Auch Sie können diese Möglichkeit nun im Alltag nutzen und getrost auf künstliche Aromen und Geschmacksverstärker aller Art verzichten. Die vegetarische LCHF-Ernährung wird dazu führen, dass Sie Fertignahrungsmittel weitgehend streichen können. Das hat den erheblichen Vorteil, dass Sie Zusatzstoffe wie künstliche Farbstoffe oder Konservierungsmittel vermeiden. Bei verpackten Nahrungsmitteln reicht der Platz auf dem Etikett oft kaum aus, um all die Substanzen aufzuführen, die darin enthalten sind. Wenn Sie weniger von diesen Produkten konsumieren, ist das Ihrer Gesundheit sicher zuträglich.

Keinen Zucker, keine Süßstoffe

»Low Carb« bedeutet, dass man den Verzehr von Kohlenhydraten reduziert – und der Zucker steht bei den Kohlenhydraten an erster Stelle. Leider fällt vielen Menschen diese Einschränkung nicht leicht, da uns die Evolution mit einem speziellen Sensor ausgestattet hat. Wir können die Geschmacksrichtung »süß« sehr gut wahrnehmen. Für unsere Vorfahren war der süße Geschmack das Signal, sofort stehen zu bleiben und alles Süße zu verzehren oder einzusammeln ▸ **siehe Seite 36.** Da derartige Situationen in der Steinzeit selten waren, war das für die Menschen kein Problem. Bei uns sieht das etwas anders aus. Süßigkeiten gibt es an jeder Ecke, und nur zu leicht geben wir unserem intuitiven Verlangen nach Süßem nach.

Wir müssen uns also ein wenig entwöhnen. Für manche kann die Verwendung von Süßstoffen in der Übergangzeit eine Lösung sein. Aber Süßstoffe gaukeln unserem Stoffwechsel die Anwesenheit von Kohlenhydraten vor, der daraufhin alles Nötige zu ihrer Verwertung bereitstellt. Das kann sogar dazu führen, dass bereits Stoffwechselhormone wie Insulin ausgeschüttet werden, wenn wir etwas Süßes schmecken. Wird im Anschluss keine Glukose aus dem Darm geliefert, wird die Hungerkaskade im Gehirn umso schneller aktiviert. Deshalb sind Süßstoffe keine Dauerlösung, und nach einer gewissen Übergangszeit schmecken Kaffee oder Tee auch ohne Zucker.

Die »Skaldeman-Ratio«

Der Schwede Sten Sture Skaldeman ist einer der bekanntesten Vertreter der LCHF-Ernährung. Er war von massivem Übergewicht geplagt, und seine Ärzte rieten ihm zu den verschiedensten Diäten. Doch diese führten nur zu weiterem Übergewicht. Als man Skaldeman eröffnete, dass er nicht mehr lange zu leben hätte, vergaß er alle Diäten und aß, was ihm schmeckte: sehr viel Fett, Butter, Sahne, Speck, Eier und kaum Kohlenhydrate. Erstaunlicherweise verlor er mehr als 60 Kilogramm und fühlte sich gesünder denn je.

Für einen guten und am Anfang leichter durchzuhaltenden Einstieg in die ketogene Ernährung empfahl er, dass der Fettgehalt einer Mahlzeit in Gramm immer größer sein sollte als die Summe aus Proteinen und Kohlenhydraten (ebenfalls in Gramm). Dieses Verhältnis ist bei LCHF-Befürworten als »Skaldeman-Ratio« bekannt und sollte immer größer sein als 1. Für Abnehmwillige wäre ein Wert von 1,2 noch besser.

Der Grund für die Popularität der Skaldeman-Ratio liegt darin, dass dieser Faktor für jede einzelne Mahlzeit positiv sein muss. Es ist also nicht möglich, ein extrem kohlenhydratreiches Essen später am Tag durch eine Mahlzeit mit einer günstigeren Ratio auszugleichen. Um jedes Mal eine Skaldeman-Ratio von 1 oder größer zu erreichen, muss man sich gut mit den Inhaltsstoffen jeder

DIE FORMEL

Um die Skaldeman-Ratio zu berechnen, dividieren Sie das in einem Nahrungsmittel oder einer Mahlzeit enthaltene Fett in Gramm durch die Summe aus Protein und Kohlenhydraten. Das Ergebnis sollte größer als 1 sein und am besten bei 1,2 liegen: Fett : (Protein + Kohlenhydrate) > 1.

einzelnen Mahlzeit vertraut machen. Doch mit der Zeit weiß man den Fett-, Protein- und Kohlenhydratgehalt der verschiedenen Lebensmittel sehr gut einzuschätzen, und die Zusammenstellung der Mahlzeiten wird wesentlich einfacher.

Eine Skaldeman-Ratio von 1 oder höher ist besonders wichtig, um eine Ketose zu erreichen, und diese ist wiederum die Voraussetzung für langfristige Gewichtsverluste. Eine Ernährung nach den Prinzipien von LCHF ist freilich auch dann sinnvoll und günstig für die Gesundheit, wenn ein Gewichtsverlust nicht das Ziel der Ernährungsumstellung ist. In diesem Fall ist es nicht notwendig, sich streng an die Skaldeman-Ratio zu halten. Für den Anfang kann es die Beurteilung einzelner Lebensmittel und Mahlzeiten allerdings erheblich erleichtern, wenn man sich an diesem Verhältnis orientiert.

Im Rezeptteil dieses Buches ab Seite 59 finden Sie viele schmackhafte Rezepte für die vegetarische LCHF-Ernährung. Wenn Sie den Nährstoffgehalt betrachten, ergibt sich nicht immer eine Skaldeman-Ratio von 1,2. Wenn die Gewichtsabnahme nicht im Vordergrund steht, ist das auch unerheblich. Falls Sie abnehmen möchten, können Sie die Skaldeman-Ratio verbessern, indem Sie die Fettkomponente der Rezepte erhöhen.

Der neue Ernährungsalltag

Die Umstellung auf eine vegetarische LCHF-Ernährung wird sich nicht nur auf die Zusammenstellung, sondern auch auf die Anzahl der Mahlzeiten auswirken. Die geringere Kohlenhydrat- und die höhere Fettzufuhr führen zu einer Veränderung des Hungerempfindens. Der häufig nach dem Abfall der Glukosekonzentration im Blut aufkommende Hunger wird sich deutlich seltener bemerkbar machen. In der Folge wird es wesentlich einfacher sein, auch mit wenigen Mahlzeiten am Tag auszukommen.

Maximal drei Mahlzeiten

Vergessen Sie zunächst einmal alle Zwischenmahlzeiten – sie steigern lediglich das Hungergefühl. Es ist vollkommen ausreichend, wenn Sie maximal drei Mahlzeiten am Tag zu sich nehmen. Viele Menschen werden auch mit zwei auskommen. Für unsere Steinzeitvorfahren waren häufige Mahlzeiten mit großer Wahrscheinlichkeit die Ausnahme und längere Essenspausen die Norm. Aus diesem Grund ist unser Stoffwechsel in der Lage, sich auf wenige Mahlzeiten einzustellen. Für unsere Gesundheit ist dies besser als die ständige Verfügbarkeit von Essbarem – besonders von Kohlenhydraten. Essenspausen von mehr als 8 Stunden haben unter anderem einen günstigen Effekt auf unseren Hormonhaushalt. Es wirkt sich auch vorteilhaft aus, wenn man in der Woche ein bis zwei Tage fastet.

Sonderfall Getränke

Zuerst die gute Nachricht: Viele Getränke sind kohlenhydratfrei. Kaffee und Tee können Sie – ungesüßt – bedenkenlos genießen. Neueste Untersuchungen zeigen, dass gerade der Kaffee positiv auf unsere Gesundheit wirkt. In der LCHF-Ernährung ist der sogenannte »Bulletproof Coffee« zu empfehlen: Geben Sie einen Teelöffel Kokosöl oder Butter in den Kaffee. Das schmeckt hervorragend und versorgt Sie schon morgens mit dem notwendigen Fett.

Zuckerhaltige Erfrischungsgetränke sind zu meiden. Wer nicht ganz darauf verzichten kann oder will, muss auf mit Süßstoff gesüßte Produkte ausweichen. Langfristig wird bei einer vegetarischen LCHF-Ernährung aber das Verlangen nach süßen Getränken nachlassen. Verzichten Sie dann möglichst auch auf Süßstoffe ▸ siehe Seite 53. Fruchtsäfte haben oft ebenfalls einen hohen Zuckergehalt.

Informieren Sie sich deshalb stets mit einem Blick aufs Etikett. Bei den alkoholischen Getränken ist Bier tabu. Trockener Weißwein oder hochprozentige Getränke wie Wodka oder Gin (mit Wasser und Zitrone) sind mit LCHF vereinbar.

LCHF vegetarisch unterwegs

Unterwegs ist es nicht immer einfach, Mahlzeiten zu bekommen, die den Kriterien einer vegetarischen LCHF-Ernährung genügen. Allerdings kann man meistens einen Salat mit viel Olivenöl, Käse oder Eiern bestellen. Auch Gemüseplatten und andere vegetarische Gerichte werden inzwischen häufiger angeboten. Aber achten Sie auf den Kohlenhydratgehalt, denn oft sind viele Hülsenfrüchte, Kartoffeln oder Reis enthalten.

TIPP

SÜSSE AUSNAHMEN

Auch im Leben von LCHF-Vegetariern gibt es Anlässe wie Geburtstage und Feiertage, bei denen Sie »sündigen« und mehr Kohlenhydrate essen werden als üblich. Vermutlich wird dadurch zwar die Ketose unterbrochen, aber das ist nicht weiter schlimm. Verzichten Sie am nächsten Tag einfach auf alle Kohlenhydrate oder legen Sie einen Fasttag ein.

FÜHREN SIE EIN ERNÄHRUNGSTAGEBUCH!

Damit der Umstieg auf die vegetarische LCHF-Ernährung reibungslos klappt, sollte man sich mit den Inhaltsstoffen der Lebensmittel vertraut machen und wissen, wie viel Protein, Fett und Kohlenhydrate sie enthalten. Den besten Überblick verschafft ein Ernährungstagebuch.

Gerade zu Beginn der Umstellung auf die vegetarische LCHF-Ernährung ist es wichtig zu überlegen, was man essen möchte. Um nicht in allzu viele Ernährungsfallen zu tappen, sollte man in der ersten Zeit auch festhalten, was man gegessen hat.

NOTIEREN SIE ALLES, WAS SIE ESSEN UND TRINKEN

Aus diesem Grund ist es sinnvoll, Ernährungstagebuch zu führen. So bekommen Sie einen Einblick, wie Ihre Nahrung hinsichtlich der Zufuhr von Fett, Protein und Kohlenhydraten zusammengestellt ist. Sie können dazu eine der vielen Nährwerttabellen oder Ernährungs-Apps verwenden, die in vielfältiger Ausführung im Internet zu finden sind. Aber eigentlich sind diese Hilfsmittel nur während des Übergangs von der bisher vertrauten zur neuen vegetarischen LCHF-Ernährung wichtig. Sie werden schon bald ein Gespür dafür entwickeln, welche Lebensmittel für Sie günstig sind. Auf der nächsten Seite finden Sie ein Beispiel für ein Ernährungstagebuch zum Selbstausfüllen, das Sie auch als Kopiervorlage verwenden können. Notieren Sie möglichst gewissenhaft, wann Sie was gegessen haben, und führen Sie auch die Getränke auf. Errechnen Sie anschließend mithilfe einer Nährwerttabelle oder App, wie viel Sie von den einzelnen Nährstoffen verzehrt haben. Prüfen Sie gegebenenfalls auch, ob Sie sich auf dem Weg zu einer Skaldeman-Ratio von etwa 1,2 befinden ▸ siehe Seite 53.

BLEIBEN SIE EINE WOCHE AM BALL

Es wäre empfehlenswert, anfangs mindestens eine Woche lang Ernährungstagebuch zu führen. Das mag Ihnen in den ersten Tagen ein wenig mühsam erscheinen, aber Sie werden in dieser Zeit viel über die einzelnen Lebensmittel lernen und nach und nach die richtige Auswahl treffen. Ein paar Monate später können Sie zur Kontrolle erneut eine Woche lang protokollieren, was Sie essen und trinken. Sie werden feststellen, dass sich Ihre Ernährung sehr verändert hat.

ERNÄHRUNGSTAGEBUCH (KOPIERVORLAGE)

Tragen Sie ein, wann Sie gegessen oder getrunken haben; notieren Sie die Menge und die verzehrten Nahrungsmittel oder Getränke; und ermitteln Sie mit einer Nähwerttabelle Kalorien-, Eiweiß-, Fett- und Kohlenhydratgehalt. Wenn Sie möchten, berechnen Sie noch Gesamtkohlenhydrate oder Skaldeman-Ratio.

Wochentag / Datum: _____

Uhr-zeit	Nahrungsmittel und Getränke	Kalorien (kcal)	Eiweiß (in g)	Fett (in g)	Kohlenhydrate (in g)*

*Um eine maßgebliche Einschränkung der Kohlenhydrate zu erreichen, sollten Sie am Tag nicht mehr als 100 Gramm davon zu sich nehmen. Die Formel zur Berechnung der Skaldeman-Ratio lautet: Fett : (Protein + Kohlenhydrate) › 1.

LCHF, VEGETARISCH, LECKER – DIE REZEPTE

AUF DEN LETZTEN SEITEN HABEN SIE VIEL ÜBER DIE VEGETARISCHE LCHF-ERNÄHRUNG GELERNT. AB JETZT ZEIGEN WIR IHNEN, WIE SIE ZU HAUSE GANZ EINFACH KOHLENHYDRATARME UND FLEISCHLOSE KÖSTLICHKEITEN ZUBEREITEN.

LOW-CARB-START IN DEN TAG: FRÜHSTÜCK

Die folgenden Rezepte werden Ihnen helfen, Ihren Tag kohlenhydratarm zu beginnen. Ganz egal, ob Sie es am Morgen lieber süß oder herzhaft mögen, bei der LCHF-Ernährung müssen Sie auf nichts verzichten. Auf den nächsten Seiten werden Ihnen viele beliebte Frühstücksklassiker wiederbegegnen – mit dem Geschmack des Originals, aber dem kleinen Unterschied, dass es sich um die vegetarische LCHF-Variante des Ge-

richts handelt. Da gibt es knackiges Müsli, leckeres Brot und knusprige Pfannkuchen ebenso wie cremige Smoothies und natürlich viele herzhafte und fantasievolle Eiergerichte. Bei dieser großen Auswahl findet jeder sein neues Lieblingsfrühstück! Aber das Beste daran ist, dass Ihnen alle Frühstücksgerichte viel Kraft schenken für den Tag, ohne Sie durch den Verzehr von allzu vielen Kohlenhydraten zu belasten.

LOW-CARB-MÜSLI

20 g Kokosflocken | 20 g Mandeln | 10 g Chia-Samen | 20 g Haselnusskerne | 20 g Paranuss-kerne | 25 g Cashewkerne | 15 g Sonnenblu-menkerne | 15 g Kokosöl | 1 TL Honig | 1 Prise gemahlene Vanille | Salz

Für 2 Personen | 15 Min. Zubereitung |
20 Min. Backen
Pro Portion ca. 470 kcal, 14 g E, 42 g F, 6 g KH

1 Backofen auf 160° (Umluft 140°) vorheizen.
2 Kokosflocken, Mandeln, Chia-Samen, Hasel-nusskerne, Paranusskerne, Cashewkerne und Sonnenblumenkerne in einen Mixer geben und grob zerkleinern.
3 Das Kokosöl in einem kleinen Topf schmel-zen. Honig, Vanille und 1 Prise Salz einrühren.
4 Die Nussmischung in einer Schüssel mit der Kokosölmischung vermengen. Auf einem mit Backpapier ausgelegten Backblech verteilen und im Ofen etwa 20 Minuten backen, bis der gewünschte Bräunungsgrad erreicht ist.
5 Mit Milch, Joghurt oder Quark genießen.

MÜSLI AUF VORRAT

Ein Müsli eignet sich hervorragend, wenn es morgens schneller gehen muss oder Sie Ihr Frühstück mitnehmen mochten. Damit Sie den Tag jederzeit mit einem Low-Carb-Müsli beginnen können, bietet es sich an, gleich größere Mengen auf einmal zu backen. Die fertige Mischung können Sie bis zu zwei Wo-chen im Kühlschrank aufbewahren.

CHIA-PUDDING

3 EL Chia-Samen | 200 ml Kokosmilch | 1 TL Ho-nig | 1 Handvoll Mandelblättchen

Für 2 Personen | 5 Min. Zubereitung |
2 Std. Quellen
Pro Portion ca. 330 kcal, 7 g E, 31 g F, 5 g KH

1 Die Chia-Samen in einem verschließbaren Gefäß (z. B. einem Einmachglas) mit der Kokos-milch und dem Honig vermischen und mindes-tens 2 Stunden, am besten aber über Nacht, im Kühlschrank quellen lassen.
2 Den Chia-Pudding mit Mandelblättchen be-streut servieren.

BEERENCREME MIT TOPPINGS

250 g Quark | 200 g Schmand | 400 g Beeren (z. B. Himbeeren, Heidelbeeren, Brombee-ren) | 2 EL Chia-Samen | 4 EL Mandelblätt-chen | 4 EL Kokosflocken

Für 2 Personen | 5 Min. Zubereitung
Pro Portion ca. 710 kcal, 27 g E, 54 g F,
24 g KH

1 Quark, Schmand und 300 g Beeren zu einer Creme vermengen. Rühren, bis die Creme eine einheitliche rosa Farbe angenommen hat.
2 Die Creme auf zwei Schüsselchen verteilen. Die restlichen Beeren, Chia-Samen, Mandel-blättchen und Kokosflocken in Streifen darauf verteilen ▸ **siehe Foto Seite 60**.

KOKOS-PORRIDGE

100 ml Kokosmilch | 150 ml ungesüßter Mandeldrink | 3 EL geschroteter Leinsamen | 2 EL gemahlene Mandeln | 1 Prise gemahlene Vanille | ¼ TL Zimtpulver | 2 EL Mandelblättchen | 2 EL Kokosflocken

Für 2 Personen | 20 Min. Zubereitung
Pro Portion ca. 375 kcal, 11 g E, 33 g F, 6 g KH

1 Kokosmilch und Mandeldrink in einen Topf geben und aufkochen lassen.
2 Leinsamen, gemahlene Mandeln, Vanille und Zimt einrühren.
3 Den Herd ausschalten und den Topf 5 Minuten stehen lassen, bis der Leinsamen ganz ausgequollen ist.
4 Mandelblättchen und Kokosflocken zugeben und weitere 5 Minuten stehen lassen.
5 Das Porridge auf zwei Schüsselchen verteilen und warm servieren.

ROTE-BETE-AVOCADO-SMOOTHIE

150 g Rote Bete | ½ Avocado | 100 g Erdbeeren | ½ Zitrone | 170 ml Kokosmilch | 2 Handvoll Eiswürfel

Für 2 Personen | 30 Min. Zubereitung
Pro Portion ca. 285 kcal, 4 g E, 23 g F, 14 g KH

1 Rote Bete schälen und in kleine Würfel schneiden. Wasser in einem kleinen Topf zum Kochen bringen und die Rote-Bete-Würfel darin in etwa 20 Minuten weich kochen.
2 Avocado halbieren, den Kern entfernen und das Fruchtfleisch mit einem Löffel herausheben.
3 Die Erdbeeren abspülen, trocken tupfen und putzen. Die Zitrone auspressen.
4 Die Rote-Bete-Würfel abgießen, mit der Avocado, den Erdbeeren, dem Zitronensaft, der Kokosmilch und den Eiswürfeln in den Mixer geben und fein pürieren.
5 Den Smoothie in zwei Gläser füllen und sofort servieren.

SPINAT-MANDEL-SMOOTHIE

2 Handvoll Blattspinat | 1 Birne | ½ Banane | 4 EL Mandelmus | 350 ml ungesüßter Mandeldrink | 1 Handvoll Eiswürfel

Für 2 Personen | 10 Min. Zubereitung
Pro Portion ca. 285 kcal, 12 g E, 18 g F, 17 g KH

1 Den Spinat waschen und trocken schleudern. Die Birne waschen, vierteln und entkernen. Die Banane schälen.

2 Alle Zutaten in einen Mixer geben und sehr fein pürieren.

3 Den Smoothie auf zwei Gläser verteilen.

LOW-CARB-BROT

300 g Quark | 8 Eier | 100 g gemahlene Mandeln | 100 g geschroteter Leinsamen | 5 EL Weizenkleie | 1 EL Kokosmehl | 1 Pck. Backpulver | 1 TL Salz | 2 EL Sonnenblumenkerne | etwas Kokosöl zum Einfetten
Außerdem: Kastenform (25–30 cm lang)

Für 1 Brot (14 Scheiben) | 5 Min. Zubereitung | 1 Std. 30 Min. Backen | 15 Min. Ruhen
Pro Scheibe ca. 165 kcal, 11 g E, 12 g F, 3 g KH

1 Backofen auf 170° (Umluft 150°) vorheizen.

2 Alle Zutaten in einer großen Schüssel ein paar Minuten lang gründlich vermengen.

3 Den Brotteig in eine gefettete Kastenform geben und im Backofen etwa 1 Stunde 30 Minuten backen.

4 Nach der Backzeit den Ofen ausschalten, die Ofentür öffnen und das Brot vor dem Herausnehmen 15 Minuten ruhen lassen.

VARIANTEN

Wer mag, kann das Brot vor dem Backen nach Belieben noch zusätzlich mit Nüssen oder Kernen bestreuen. Nach diesem Rezept lassen sich auch Low-Carb-Brötchen backen. Bereiten Sie dazu den Teig wie oben beschrieben zu. Formen Sie kleine Brötchen daraus, die anschließend auf einem mit Backpapier ausgelegten Backblech etwa 50 Minuten gebacken werden.

FRÜHSTÜCKSMUFFINS

3 EL Kokosöl und etwas zum Einfetten |
1 Banane | 1 Apfel | 3 Eier | 1 EL Chia-Samen |
130 g gemahlene Mandeln | 4 EL Wasser |
1 TL Backpulver | 1 TL Vanilleextrakt |
1 TL Zimtpulver
Außerdem: 12 (Silikon-)Muffinförmchen

Für 2 Personen | 10 Min. Zubereitung |
20 Min. Backen
Pro Portion ca. 770 kcal, 29 g E, 60 g F,
23 g KH

1 Backofen auf 190° (Umluft 170°) vorheizen.
Muffinförmchen mit etwas Kokosöl einfetten.
2 Die Banane schälen und auf dem Boden
einer Schüssel mit einer Gabel zerdrücken. Den
Apfel waschen und fein reiben.
3 Banane und Apfel mit den restlichen Zutaten
zu einem glatten Teig verrühren.
4 Den Teig auf die gefetteten Muffinförmchen
verteilen, sodass sie etwa halb gefüllt sind.
5 Die Muffins im Ofen 15–20 Minuten backen.

FRÜHSTÜCKSBRÖTCHEN

40 g Kokosöl | 180 g gemahlene Mandeln |
2 EL Kokosmehl | 30 g Leinsamenmehl | Salz |
2 TL Backpulver | 5 Eier | 1 EL Apfelessig |
1 EL Leinsamen

Für 8 Stück | 10 Min. Zubereitung |
10 Min. Ruhen | 15 Min. Backen
Pro Stück ca. 270 kcal, 12 g E, 23 g F, 3 g KH

1 Backofen auf 200° (Umluft 180°) vorheizen.
2 Das Kokosöl schmelzen.
3 Gemahlene Mandeln, Kokosmehl, Leinsa-
menmehl, 1 Prise Salz und Backpulver mischen.
4 Eier, Kokosöl und Apfelessig hinzufügen und
alle Zutaten gut verrühren. Den Teig 10 Minuten
ruhen lassen.
5 Aus dem Teig 8 Brötchen formen. Auf ein mit
Backpapier ausgelegtes Backblech verteilen.
6 Die Brötchen mit Leinsamen bestreuen und
15 Minuten im Ofen backen.

INFO

LOW-CARB-MEHLE
Es gibt durchaus einige kohlenhydratarme Alternativen zu Weizenmehl! Am
bekanntesten sind Mandel-, Kokos-,
Leinsamen- und Kastanienmehl. Da
sie etwas andere Backeigenschaften
haben, sollte man beim Ersetzen die
Packungsangaben beachten.

SCHOKO-MANDEL-AUFSTRICH

50 g Butter | 150 g Mandelmus | 2 EL Kakaopulver | 2 EL gemahlene Mandeln | 2 EL Honig

Für ca. 250 g Aufstrich | 5 Min. Zubereitung
Pro 100 g ca. 620 kcal, 21 g E, 58 g F, 9 g KH

1 Die Butter schmelzen. In einer Schüssel gründlich mit den restlichen Zutaten vermischen, bis eine glatte Creme entsteht.
2 Den Aufstrich in ein Schraubdeckelglas füllen. Er lässt sich bis zu 2 Wochen im Kühlschrank aufbewahren.

CHIA-MARMELADE

200 g TK-Himbeeren | 2 EL Chia-Samen | 1 EL Honig

Für ca. 230 g Marmelade | 20 Min. Zubereitung | 2 Std. Quellen
Pro 100 g ca. 90 kcal, 3 g E, 6 g F, 5 g KH

1 Die Himbeeren auftauen und in einem kleinen Topf bei geringer Hitze kurz aufkochen. Abkühlen lassen.
2 Chia-Samen und Honig hinzufügen und gründlich unterrühren.
3 Die Marmelade in Schraubdeckelgläser füllen und im Kühlschrank mindestens 2 Stunden quellen lassen. Die fertige Chia-Marmelade ist im Kühlschrank bis zu 4 Tage haltbar.

VARIANTEN

Erdbeeren, Brombeeren und Heidelbeeren sorgen für Abwechslung im Glas, ohne die Kohlenhydratmengen zu verändern.

FRÜHSTÜCKSOMELETT-TASCHE

4 Eier | 2 EL Milch | Salz | Pfeffer | 1 EL Oli-
venöl | 2 Tomaten | 1 Frühlingszwiebel |
2 Scheiben Gouda (ca. 60 g) | etwas Petersilie

Für 2 Personen | 15 Min. Zubereitung
Pro Portion ca. 345 kcal, 24 g E, 25 g F, 5 g KH

1 Die Eier in einer Schüssel mit der Milch verquirlen. Mit Salz und Pfeffer würzen.
2 Das Olivenöl in einer Pfanne erhitzen und die
Eier darin bei kleiner Hitze stocken lassen.
3 Inzwischen die Tomaten waschen, von den
Stielansätzen befreien und in dünne Scheiben
schneiden. Die Frühlingszwiebel putzen und in
Ringe schneiden.
4 Tomaten und Frühlingszwiebeln auf der einen Hälfte des Omeletts verteilen und die Käse-
scheiben darauflegen. Das Omelett mit dem
Pfannenwender zusammenklappen und bei
kleiner Hitze 4 Minuten weiterbraten. Dabei
einmal wenden.
5 Die Petersilie waschen, trocken schütteln und
fein hacken.
6 Die Omelett-Tasche auf einen Teller gleiten
lassen, halbieren und auf zwei Tellern mit Petersilie garniert servieren.

VARIANTEN

Dieses Omelett ist sehr variabel: Sie können
es auch mit Avocadoscheiben, gebratenen
Zucchini oder gedünstetem Mangold füllen.

LOW-CARB-PANCAKES

3 EL Kokosmehl | 1 Msp. Backpulver | Salz |
100 ml Milch | 1 EL Joghurt | ½ TL Vanille-
extrakt | 3 Eiweiß | 1 EL Kokosöl

Für 2 Personen | 20 Min. Zubereitung
Pro Portion ca. 165 kcal, 11 g E, 9 g F, 6 g KH

1 Kokosmehl, Backpulver und 1 Prise Salz in einer Schüssel vermischen. Milch, Joghurt und Vanilleextrakt zugeben und alles zu einem glatten
Teig verrühren.
2 Die Eiweiße steif schlagen und unterheben.
3 Das Kokosöl in einer Pfanne erhitzen und aus
dem Teig kleine Pfannkuchen ausbacken. Die
Pfannkuchen von beiden Seiten 2–3 Minuten
goldbraun backen.
4 Die Pfannkuchen sofort servieren oder bis
zum Servieren kalt stellen.

DAZU SCHMECKT

Besonders lecker schmecken die Pancakes
mit etwas Schmand und frischen Beeren!

SPINAT-SPIEGELEI-PFANNE

1 Knoblauchzehe | 200 g Joghurt | Salz | Pfeffer | 3 Frühlingszwiebeln | 300 g Blattspinat | 1 EL Butter | 1 TL Zitronensaft | 4 Eier | 2 EL Olivenöl | ¼ TL Cayennepfeffer | 1 TL getrockneter Oregano

Für 2 Personen | 35 Min. Zubereitung
Pro Portion ca. 420 kcal, 25 g E, 31 g F, 8 g KH

1 Die Knoblauchzehe schälen und klein hacken. In einer kleinen Schüssel mit dem Joghurt verrühren. Den Knoblauchjoghurt mit Salz und Pfeffer würzen und beiseitestellen.

2 Die Frühlingszwiebeln putzen und in dünne Ringe schneiden. Den Spinat waschen und trocken schleudern.

3 Die Frühlingszwiebelringe in einer Pfanne in der Butter 5 Minuten bei mittlerer Hitze anbraten. Den Spinat dazugeben und das Gemüse weitere 5 Minuten braten. Den Zitronensaft hinzufügen.

4 Mit einem Holzlöffel 4 kleine Mulden in den Spinat drücken. Die Eier nacheinander aufschlagen und vorsichtig in die Mulden gleiten lassen. Zugedeckt bei kleiner Hitze etwa 10 Minuten stocken lassen.

5 Das Olivenöl mit dem Cayennepfeffer und dem Oregano verrühren.

6 Die Spinat-Spiegelei-Pfanne auf zwei Teller verteilen. Zum Anrichten den Knoblauchjoghurt darüberlöffeln, mit einer kleinen Menge des Cayenne-Oregano-Würzöls beträufen und sofort auf den Tisch bringen.

SCHAKSCHUKA

1 Zwiebel | 2 Knoblauchzehen | 1 rote Paprika | 4 Tomaten | 1 EL Kokosöl | 1 EL Tomatenmark | 400 g stückige Tomaten (Dose) | 1 TL Paprikapulver | 1 Prise Cayennepfeffer | Salz | Pfeffer | 4 Eier | 1 Handvoll Petersilie

Für 2 Personen | 35 Min. Zubereitung
Pro Portion ca. 330 kcal, 21 g E, 18 g F, 19 g KH

1 Zwiebel und Knoblauchzehen schälen. Zwiebel fein würfeln, Knoblauch fein hacken.

2 Die Paprika halbieren, entstielen, entkernen, waschen und würfeln. Die Tomaten waschen, von den Stielansätzen befreien und würfeln.

3 Das Kokosöl in einer Pfanne erhitzen. Zwiebel und Knoblauch hineingeben und bei mittlerer Hitze kurz anbraten.

4 Tomatenmark, Paprika- und Tomatenwürfel zugeben und 5 Minuten mitdünsten.

5 Stückige Tomaten hinzufügen. Mit Paprikapulver, Cayennepfeffer, Salz und Pfeffer würzen und weitere 10 Minuten köcheln lassen.

6 Mit einem Holzlöffel 4 Mulden in das Tomatengemüse drücken.

7 Die Eier nacheinander aufschlagen, vorsichtig in die Mulden gleiten lassen und zugedeckt 6–8 Minuten stocken lassen, bis das Eiweiß fest ist.

8 Die Petersilie waschen, trocken schütteln und fein hacken. Die Schakschuka mit Petersilie bestreut servieren.

ISRAELISCHES NATIONALGERICHT

Schakschuka ist ein israelisches Nationalgericht und stammt ursprünglich aus dem nordafrikanischen Raum. Es wird traditionell zum Frühstück gegessen, eignet sich aber auch als leichtes Abendessen. Die Bezeichnung Schakschuka stammt aus dem Arabischen und bedeutet »Mischung«.

EIERWÖLKCHEN

2 Frühlingszwiebeln | 4 Eier | 100 g Parmesan | Salz | Pfeffer

Für 2 Personen | 25 Min. Zubereitung
Pro Portion ca. 365 kcal, 33 g E, 25 g F, 4 g KH

1 Backofen auf 200° (Umluft 180°) vorheizen.

2 Die Frühlingszwiebeln putzen und in dünne Ringe schneiden.

3 Die Eier trennen. Die Eiweiße in eine Schüssel, die Eigelbe in 4 einzelne Schälchen geben.

4 Die Eiweiße steif schlagen. Parmesan und Frühlingszwiebeln unterziehen.

5 Mit einem Esslöffel 4 Häufchen Eischneemasse auf ein mit Backpapier ausgelegtes Backblech setzen. Mit dem Rücken des Esslöffels jeweils eine Mulde hineindrücken. Im Ofen 3 Minuten backen.

6 Jede Mulde mit einem Eigelb füllen. Die Eierwölkchen mit Salz und Pfeffer würzen und weitere 3 Minuten backen.

ÜBERBACKENE AVOCADO

2 Avocados | 4 Eier (S) | Salz | Pfeffer |
100 g Gratinkäse

Für 2 Personen | 10 Min. Zubereitung |
20 Min. Backen
Pro Portion ca. 610 kcal, 30 g E, 49 g F,
10 g KH

1 Backofen auf 200° (Umluft 180°) vorheizen.
2 Avocados halbieren und Kerne entfernen.
3 Die Eier nacheinander in die Kernmulden aufschlagen. Die Kernmulden gegebenenfalls vorher noch etwas weiter aushöhlen.
4 Die Avocados mit Salz und Pfeffer würzen
und mit Gratinkäse bestreuen.
5 Die Avocadohälften vorsichtig in eine kleine
Auflaufform setzen und im Ofen 15–20 Minuten

überbacken, bis der Käse den gewünschten
Bräunungsgrad erreicht hat. Die Avocados auf
zwei Teller verteilen und servieren.

INFO

NÄHRSTOFFBOMBE AVOCADO

Avocados dürfen in der fettreichen Ernährung nicht fehlen! Die bekannte
Hass-Avocado hat einen Fettgehalt
von etwa 23 Prozent, der sich hauptsächlich aus einfach und mehrfach
ungesättigten Fettsäuren zusammensetzt. Darüber hinaus enthält sie viele
Vitamine und Mineralstoffe wie Vitamin E, K, B_7 und Magnesium.

FÜR DEN KLEINEN HUNGER: SUPPEN, SALATE, FINGERFOOD

Die Gerichte in diesem Kapitel sind perfekt als kleine, aber eigenständige Mahlzeiten. Viele davon sind außerdem optimal zum Mitnehmen: So ist auch im Büro stets eine gesunde LCHF-Mahlzeit griffbereit und die Gefahr geringer, dass Sie sich gezwungen sehen, auf Kohlenhydratreiches zurückzugreifen. Sie finden Anregungen für erfrischende Sommersalate ebenso wie Rezepte für wärmende Herbst- und Wintersuppen. Mit den

Appetithäppchen für Ihre Party ab Seite 82 werden Sie bestimmt auch Low-Carb-Skeptiker überzeugen.

Bitte beachten Sie: Falls Sie bei der vegetarischen LCHF-Ernährung den Schwerpunkt – zumindest vorübergehend – aufs Abnehmen legen möchten, sollten Sie auf Zwischenmahlzeiten lieber verzichten. Gönnen Sie Ihrem Körper stattdessen mehrstündige Esspausen zwischen den Mahlzeiten.

TOMATENSUPPE

500 g Tomaten | 1 Zwiebel | 1 Knoblauchzehe | 1 EL Olivenöl | 400 ml Gemüsebrühe | ½ TL getrockneter Thymian | Salz | Pfeffer | 2 TL Tomatenmark | 4 EL Schmand

Für 2 Personen | 1 Std. Zubereitung
Pro Portion ca. 165 kcal, 4 g E, 13 g F, 9 g KH

1 Die Tomaten an der Spitze kreuzförmig mit einem Messer einritzen und in eine große Schüssel legen. Mit kochendem Wasser übergießen und 10 Minuten warten. Das Kochwasser abgießen und die Tomaten mit kalten Wasser abschrecken. Die Haut abziehen, die Stielansätze entfernen und die geschälten Tomaten in kleine Stücke schneiden.

2 Die Zwiebel schälen und klein würfeln. Den Knoblauch schälen.

3 Das Olivenöl in einem Topf erhitzen. Die Zwiebelwürfel hineingeben, den Knoblauch hineinpressen und alles bei mittlerer Hitze 3 Minuten anschwitzen, bis die Zwiebeln glasig sind.

4 Die Tomatenstücke hinzugeben und für kurze Zeit mitbraten.

5 Die Gemüsebrühe angießen. Den Thymian hinzufügen. Die Suppe mit Salz und Pfeffer abschmecken und bei kleiner Hitze 20 Minuten köcheln lassen.

6 Das Tomatenmark einrühren und die Suppe mit dem Stabmixer fein pürieren.

7 Die Tomatensuppe auf zwei Teller verteilen und mit jeweils 2 EL Schmand garniert servieren

▸ **siehe Foto Seite 70**.

AVOCADO-GAZPACHO

1 Avocado | 1 ½ Salatgurken | 1 Stück Ingwer (ca. 4 cm lang) | 2 Knoblauchzehen | 1 Zitrone | 1 Handvoll Minze | 100 ml Olivenöl | 2 EL Apfelessig | Salz | Pfeffer

Für 2 Personen | 15 Min. Zubereitung | 2 Std. Kühlen
Pro Portion ca. 650 kcal, 4 g E, 63 g F, 12 g KH

1 Die Avocado halbieren, den Kern entfernen und das Fruchtfleisch mithilfe eines Löffels herausheben.

2 Die Gurken waschen und in grobe Stücke schneiden. Ingwer und Knoblauchzehen schälen und grob hacken.

3 Die Zitrone auspressen. Die Minze waschen und trocken schütteln.

4 Avocado, Gurke, Ingwer, Knoblauch, Zitronensaft, Minze, Olivenöl und Apfelessig in eine hohe Schüssel geben und mit dem Stabmixer pürieren. Mit Salz und Pfeffer würzen.

5 Die Suppe bis zum Servieren mindestens 2 Stunden kalt stellen und gekühlt genießen.

VARIANTE

Wer die klassische Variante dieser kalten Suppe bevorzugt, ersetzt die Avocado ganz einfach durch eine rote Paprikaschote, 200 Gramm Tomaten, eine kleine Zwiebel und 300 Milliliter Tomatensaft. Paprika und Tomaten waschen, entstielen und klein schneiden, die Zwiebel schälen, würfeln und alles mit den restlichen Zutaten pürieren.

BROKKOLI-MANDEL-SUPPE

60 g Mandeln | 400 g Brokkoli | 500 ml Gemü-
sebrühe | 50 g Sahne | Salz | Pfeffer |
2 Msp. frisch geriebene Muskatnuss |
Chiliflocken

Für 2 Personen | 35 Min. Zubereitung
Pro Portion ca. 325 kcal, 15 g E, 24 g F, 8 g KH

1 Die Mandeln in einer Pfanne ohne Fett bei
mittlerer Hitze kurz anrösten.

2 Den Brokkoli waschen, putzen und in kleine
Stücke schneiden. Mit Mandeln und Gemüsebrühe in einen Topf geben und in etwa 20 Minuten gar kochen.

3 Die Suppe mit dem Stabmixer fein pürieren.

4 Sahne zugeben und unterrühren. Mit Salz,
Pfeffer und Muskatnuss würzen und mit Chiliflocken abschmecken.

5 Auf zwei Teller verteilen und servieren.

BLUMENKOHL-KÄSE-SUPPE

300 g Blumenkohl | 300 ml Gemüsebrühe |
150 ml Milch | 1 Stange Lauch | 1 EL Kokosöl |
1 TL Senf | ½ TL frisch geriebene Muskatnuss |
80 g Cheddar | Salz | Pfeffer | 1 Prise Paprika-
pulver

Für 2 Personen | 30 Min. Zubereitung
Pro Portion ca. 270 kcal, 16 g E, 20 g F, 8 g KH

1 Den Blumenkohl waschen, putzen und in
kleine Röschen teilen. Die Stiele in kleine Stücke
schneiden.

2 Blumenkohl, Gemüsebrühe und Milch in einen Topf geben, aufkochen und bei kleiner Hitze
etwa 15 Minuten köcheln lassen.

3 Den Lauch waschen, putzen und in dünne
Ringe schneiden.

4 Das Kokosöl in einer Pfanne erhitzen und die
Lauchringe in dem Öl bei mittlerer Hitze 5 Minuten anbraten.

5 Senf, Muskatnuss und Cheddar in den Topf
geben und den Inhalt mit dem Stabmixer fein
pürieren. Die Suppe mit Salz, Pfeffer und Paprikapulver abschmecken und noch einmal aufkochen lassen.

6 Die gebratenen Lauchringe in die Suppe rühren. Die Suppe auf zwei Teller verteilen und sofort servieren.

VARIANTEN

Wenn Sie ein wenig Abwechslung wünschen,
können Sie die Suppe auch gut mit Brokkoli
oder Romanesco zubereiten.

VEGETARISCHER JÄGERTOPF

10 g getrocknete Steinpilze | 2 Tomaten |
250 g Weißkohl | 2 Frühlingszwiebeln |
300 g Champignons | 100 g Kräuterseitlinge |
2 EL Olivenöl | Salz | Pfeffer | 300 ml Gemüse-
brühe | 4 Zweige Majoran | 2 Lorbeerblätter |
2 Wacholderbeeren | 150 g Sahne

Für 2 Personen | 50 Min. Zubereitung
Pro Portion ca. 450 kcal, 14 g E, 34 g F,
21 g KH

1   Die getrockneten Steinpilze in 100 ml heißem
Wasser einweichen. Die Tomaten waschen, von
den Stielansätzen befreien und würfeln.

2   Den Weißkohl putzen und in mundgerechte
Stücke schneiden. Die Frühlingszwiebeln putzen
und in dünne Ringe schneiden. Champignons
und Kräuterseitlinge putzen und halbieren.

3   Das Olivenöl in einem Topf erhitzen. Frühlingszwiebeln und Weißkohl darin bei mittlerer
Hitze 5 Minuten anbraten. Champignons und
Kräuterseitlinge zugeben und 3 Minuten weiterbraten. Mit Salz und Pfeffer würzen.

4   Gemüsebrühe und Steinpilze mit Ein-
weichsud hinzufügen und alles einmal aufkochen lassen.

5   Majoran und Lorbeerblätter mit Küchengarn
zusammenbinden und mit Wacholderbeeren
und Tomatenwürfeln in den Topf geben.

6   Den Eintopf bei kleiner Hitze zugedeckt
30 Minuten köcheln lassen.

7   Majoran, Lorbeerblätter und Wacholderbeeren entfernen, die Sahne einrühren und den Eintopf nach Belieben mit Salz und Pfeffer abschmecken.

8   Den vegetarischen Jägertopf auf zwei Teller
verteilen und servieren.

RÖSTPAPRIKASUPPE

500 g Paprika | 70 g Sellerie | 1 kleine Möhre |
½ Zwiebel | 1 Knoblauchzehe | 2 EL Olivenöl |
500 ml Gemüsebrühe | 1 EL Aceto balsamico |
1 TL getrockneter Thymian | 1 TL getrockneter
Oregano | ½ TL getrockneter Rosmarin |
100 g Sahne | Salz | Pfeffer | 150 g Schafskäse
(Feta)

Für 2 Personen | 40 Min. Zubereitung
Pro Portion ca. 545 kcal, 18 g E, 40 g F,
23 g KH

1 Den Backofen auf 250° vorheizen.

2 Die Paprika waschen, trocken reiben und auf
ein mit Backpapier ausgelegtes Backblech legen. Im Ofen auf höchster Schiene backen, bis
die Schale schwarz wird und Blasen wirft. Während des Backvorgangs wenden, damit die Paprika von allen Seiten bräunen.

3 Die Paprika aus dem Ofen nehmen, in eine
Schüssel geben und zugedeckt ein wenig abkühlen lassen.

4 Inzwischen Sellerie, Möhre, Zwiebel schälen
und klein würfeln. Den Knoblauch schälen und
fein hacken.

5 Das Olivenöl in einem Topf erhitzen und das
Gemüse darin anbraten.

6 Die Haut der abgekühlten Paprika abziehen,
Stielansätze und Kerne entfernen und das
Fruchtfleisch würfeln.

7 Die Paprikawürfel mit der Gemüsebrühe in
den Topf geben. Balsamico, Thymian, Oregano
und Rosmarin hinzufügen und alles bei kleiner
Hitze 10 Minuten köcheln lassen.

8 Die Sahne zugeben und die Suppe mit dem
Stabmixer fein pürieren. Mit Salz und Pfeffer
abschmecken.

9 Die Suppe auf zwei Teller verteilen, den
Schafskäse darüberbröseln und servieren.

PILZSUPPE MIT ZIEGENKÄSE

½ Zwiebel | 300 g braune Champignons |
1 EL Olivenöl | 400 ml Gemüsebrühe |
1 TL getrockneter Thymian | 1 EL Dijonsenf |
100 g Schmand | Salz | Pfeffer | 100 g Ziegen-
käse

Für 2 Personen | 15 Min. Zubereitung
Pro Portion ca. 380 kcal, 17 g E, 32 g F, 4 g KH

1 Die Zwiebel schälen und würfeln.
2 Die Champignons putzen und in grobe Stücke schneiden.
3 Das Olivenöl in einem Topf erhitzen. Zwiebeln und Champignons zugeben und bei mittlerer Hitze unter Rühren 5 Minuten anbraten.
4 Die Gemüsebrühe angießen. Thymian zugeben. Alles mit dem Stabmixer fein pürieren.
5 Dijonsenf und Schmand einrühren. Mit Salz
und Pfeffer abschmecken.
6 Den Ziegenkäse würfeln. Die Suppe auf zwei
tiefe Teller verteilen und mit Ziegenkäse bestreut servieren.

MÖHREN-BIRNEN-SUPPE

1 Zwiebel | 400 g Möhren | 2 Birnen | 1 Stück
Ingwer (ca. 3 cm lang) | 1 EL Olivenöl |
400 ml Gemüsebrühe | 150 ml Kokosmilch |
Salz | Pfeffer | 2 EL Kürbiskernöl

Für 2 Personen | 55 Min. Zubereitung
Pro Portion ca. 415 kcal, 3 g E, 30 g F, 26 g KH

1 Die Zwiebel schälen und würfeln.
2 Die Möhren schälen und in kleine, gleichmäßige Stücke schneiden.
3 Die Birnen waschen und klein schneiden.
Das Kerngehäuse muss nicht entfernt werden.
4 Den Ingwer schälen und fein hacken.
5 Das Olivenöl in einem Topf erhitzen und die
Zwiebelwürfel darin bei mittlerer Hitze glasig
dünsten.
6 Die Möhren, die Birnen und den Ingwer zugeben und kurz mitbraten. Die Gemüsebrühe
angießen und alles bei kleiner Hitze 25 Minuten
köcheln lassen.
7 Die Kokosmilch zugeben. Die Möhren-Bir-
nen-Suppe noch einmal aufkochen lassen und
mit dem Stabmixer fein pürieren. Mit Salz und
Pfeffer abschmecken.
8 Die Suppe auf zwei Teller verteilen und mit je
1 EL Kürbiskernöl beträufelt servieren.

KÄSESALAT

250 g Edamer | 6 Radieschen | 4 Essiggurken |
1 EL Aceto balsamico bianco | 2 EL Sonnen-
blumenöl | 2 EL Joghurt | Salz | Pfeffer

Für 2 Personen | 10 Min. Zubereitung
Pro Portion ca. 520 kcal, 32 g E, 42 g F, 3 g KH

1 Den Edamer in kleine Würfel schneiden.
2 Die Radieschen waschen, putzen und in dünne Scheiben schneiden.
3 Die Essiggurken in Scheiben schneiden.
4 Käse, Radieschen und Essiggurken in eine
Salatschüssel geben und mit Balsamico, Sonnenblumenöl und Joghurt mischen. Mit Salz und
Pfeffer abschmecken und servieren.

GRILLGEMÜSESALAT

1 rote Paprika | 1 gelbe Paprika | 1 Zwiebel |
½ Zucchino | 1 Möhre | 150 g Champignons |
2 Knoblauchzehen | 3 EL Olivenöl | Salz | Pfef-
fer | 3 EL Aceto balsamico bianco | 3 EL Wal-
nussöl

Für 2 Personen | 50 Min. Zubereitung
Pro Portion ca. 390 kcal, 6 g E, 31 g F, 18 g KH

1 Den Backofen auf 200° (Oberhitze) vorheizen
oder auf Grillfunktion stellen.
2 Die Paprika halbieren, entstielen, entkernen,
waschen und in Streifen schneiden.
3 Die Zwiebel schälen und in Achtel schneiden.
4 Den Zucchino waschen, putzen und in Scheiben schneiden. Die Möhre schälen und in
mundgerechte Stücke schneiden.
5 Die Champignons putzen und vierteln. Den
Knoblauch schälen und fein hacken.
6 Das Gemüse mit dem gehackten Knoblauch
und dem Olivenöl in eine große Schüssel geben
und gründlich vermischen. Mit Salz und Pfeffer
würzen.
7 Gemüse auf einem mit Backpapier ausgelegten Backblech verteilen und im Ofen 15–20 Minuten rösten. Abkühlen lassen und in eine große Schüssel geben.
8 Den Balsamico und das Walnussöl in einer
kleinen Schüssel verrühren. Das Dressing über
das Gemüse geben und alles gründlich miteinander vermischen.
9 Den Grillgemüsesalat auf zwei Teller verteilen
und servieren.

EIERSTREIFENSALAT

4 Eier | Salz | Pfeffer | 3 EL Olivenöl | 6 Blätter
Basilikum | 125 g Schafskäse (Feta) |
200 g Kirschtomaten | 200 g Feldsalat |
4 EL Aceto balsamico

Für 2 Personen | 20 Min. Zubereitung
Pro Portion ca. 500 kcal, 27 g E, 39 g F, 8 g KH

1 Die Eier in einer Schüssel verquirlen. Mit Salz
und Pfeffer würzen.

2 Die Basilikumblätter waschen, trocken schütteln und in feine Streifen schneiden. Zu den
Eiern geben und unterrühren.

3 1 EL Olivenöl in einer Pfanne erhitzen. Die
Eier in die Pfanne gießen und bei kleiner Hitze
stocken lassen.

4 Den Schafskäse in kleine Würfel schneiden.

5 Die Kirschtomaten waschen, trocken reiben
und halbieren.

6 Das fertige Omelett auf ein Schneidebrett
gleiten lassen und mit einem scharfen Messer in
2 cm breite Streifen schneiden.

7 Den Feldsalat waschen, putzen und trocken
schleudern. Mit Schafskäse, Tomaten und Eier-
streifen in eine Schüssel geben. Das restliche
Olivenöl und den Balsamico dazugeben und
alles gut vermischen.

8 Den Eierstreifensalat auf zwei Tellern anrichten und servieren.

DAZU SCHMECKT

Falls Sie zum Salat gern etwas Brot essen,
können Sie den Eierstreifensalat mit einer
Scheibe Low-Carb-Brot oder einem Low-
Carb-Brötchen ▶ **siehe Seite 63** servieren.

BUNTER SALAT MIT FRISCHKÄSEBÄLLCHEN

250 g Baby-Spinat | 150 g Radicchio | 2 Tomaten | 1 Birne | 8 Blätter Basilikum | 100 g Ziegenfrischkäse | 100 g Quark | Salz | Pfeffer | 2 EL Olivenöl | 3 EL Aceto balsamico bianco

Für 2 Personen | 20 Min. Zubereitung
Pro Portion ca. 410 kcal, 23 g E, 25 g F, 18 g KH

1 Spinat und Radicchio waschen und trocken schleudern. Radicchio in Streifen schneiden.

2 Die Tomaten waschen, halbieren, von den Stielansätzen befreien und mit einem Löffel entkernen. In Spalten schneiden.

3 Die Birne waschen, entkernen und in dünne Spalten schneiden.

4 Spinat, Radicchio, Tomaten und Birnen in eine Salatschüssel geben.

5 Die Basilikumblätter waschen, trocken schütteln und in feine Streifen schneiden.

6 Ziegenfrischkäse, Quark und Basilikum in einer kleinen Schüssel vermengen. Mit Salz und Pfeffer abschmecken.

7 Aus der Frischkäsemasse mit feuchten Händen kleine Bällchen formen.

8 Olivenöl und Balsamico über den Salat geben. Den Salat mit Salz und Pfeffer würzen und gründlich mischen.

9 Den bunten Salat auf zwei Tellern anrichten. Die Frischkäsebällchen gleichmäßig darauf verteilen und servieren.

ROTKOHLSALAT

1 Rotkohl | 1 Zitrone | 4 EL Walnussöl | 1 TL Honig | Salz | Pfeffer | 200 g Schafskäse (Feta) | 100 g Walnusskerne

Für 2 Personen | 15 Min. Zubereitung | 1 Std. Kühlen
Pro Portion ca. 885 kcal, 28 g E, 75 g F, 16 g KH

1 Den Rotkohl putzen und den Strunk entfernen. In feine Streifen schneiden.

2 Die Zitrone auspressen und den Saft in einer kleinen Schüssel mit Walnussöl, Honig, Salz und Pfeffer verrühren. Das Dressing über den Rotkohl geben und gut untermischen.

3 Den Rotkohlsalat 1 Stunde kalt stellen.

4 Den Schafskäse in Würfel schneiden. Die Walnusskerne grob hacken.

5 Den fertigen Rotkohlsalat auf zwei Teller verteilen. Mit Schafskäsewürfeln und gehackten Walnüssen bestreut servieren.

HALLOUMI-MELONEN-SALAT

200 g Feldsalat | 500 g Wassermelone | 225 g Halloumi | 1 TL Kokosöl | 8 Stängel Schnittlauch | 3 EL Olivenöl | 6 EL Aceto balsamico bianco

Für 2 Personen | 20 Min. Zubereitung
Pro Portion ca. 680 kcal, 28 g E, 44 g F, 40 g KH

1 Den Feldsalat waschen, putzen und trocken schleudern. Die Wassermelone schälen und das Fruchtfleisch in kleine Würfel schneiden.

2 Den Halloumi erst in 2 cm dicke Scheiben, dann in Würfel schneiden.

3 Das Kokosöl in einer Pfanne erhitzen und die Halloumiwürfel darin bei mittlerer Hitze braten, bis sie goldbraun sind.

4 Den Schnittlauch waschen, trocken schütteln und in Röllchen schneiden.

5 Feldsalat, Melone, Halloumi und Schnittlauch in eine Schüssel geben, mit Olivenöl und Balsamico beträufeln und alles gut mischen.

6 Den Halloumi-Melonen-Salat auf zwei Tellern anrichten und sofort servieren.

MEDITERRANER BLUMEN-KOHL-SCHAFSKÄSE-SALAT

1 kleiner Blumenkohl | 6 EL Olivenöl |
200 g Kirschtomaten | ½ rote Zwiebel |
150 g schwarze Oliven | 200 g Schafskäse
(Feta) | 8 Blätter Basilikum | 1 Zitrone | 1 Knob-
lauchzehe | Salz | Pfeffer

Für 2 Personen | 35 Min. Zubereitung
Pro Portion ca. 745 kcal, 28 g E, 59 g F,
14 g KH

1 Backofen auf 220° (Umluft 200°) vorheizen.
2 Den Blumenkohl waschen, in gleich große
Röschen teilen und in einer Schüssel mit
3 EL Olivenöl vermischen. Auf einem mit Backpapier ausgelegten Backblech verteilen und
20 Minuten im Ofen backen. Vor der Weiterverarbeitung kurz abkühlen lassen.
3 Die Tomaten waschen und halbieren. Die
Zwiebel schälen und in Ringe schneiden.
4 Blumenkohl, Tomaten, Zwiebelringe und Oliven in eine Schüssel geben. Den Schafskäse mit
den Händen darüberbröseln.
5 Die Basilikumblätter waschen, trocken schütteln und in feine Streifen schneiden. Die Zitrone
auspressen. Die Knoblauchzehe schälen und
fein hacken.
6 Die Basilikumstreifen in einer kleinen Schüssel mit dem Zitronensaft, dem gehackten Knoblauch, dem restlichen Olivenöl, Salz und Pfeffer
verrühren. Das Dressing über das Gemüse geben und gut untermischen.
7 Den Salat auf zwei Teller verteilen und sofort
servieren.

KOHLSALAT MIT FETACREME

1 Knoblauchzehe | 150 g Schafskäse (Feta) |
100 g saure Sahne | 3 EL Ajvar | ½ TL Sambal
Oelek | 4 EL Olivenöl | 1 EL Aceto balsamico
bianco | 1 TL getrockneter Thymian | Salz | Pfef-
fer | 900 g Spitzkohl | 250 g rote Spitzpaprika |
1 rote Zwiebel | 200 g Kirschtomaten

Für 2 Personen | 35 Min. Zubereitung
Pro Portion ca. 655 kcal, 22 g E, 42 g F,
38 g KH

1 Den Knoblauch schälen und grob hacken.
Den Schafskäse grob würfeln.

2 Saure Sahne, Ajvar, Sambal Oelek, 1 EL Olivenöl, Balsamico, Thymian, Knoblauch und
Schafskäse in eine hohe Schüssel geben mit
dem Stabmixer zu einer glatten Creme verarbeiten. Mit Salz und Pfeffer abschmecken und kühl
stellen.

3 Backofen auf 200° (Umluft 180°) vorheizen.

4 Den Spitzkohl waschen, den Strunk entfernen
und die Blätter in Streifen schneiden.

5 Die Spitzpaprika halbieren, entstielen, entkernen, waschen und würfeln.

6 Die Zwiebel schälen und klein würfeln. Die
Kirschtomaten waschen und halbieren.

7 Spitzkohl, Paprika- und Zwiebelwürfel in eine
Auflaufform geben, mit dem restlichen Olivenöl
beträufeln und 20 Minuten im Ofen rösten.

8 Das geröstete Gemüse abkühlen lassen. Mit
den Kirschtomaten und der Schafskäsecreme in
eine Schüssel geben und alles gründlich miteinander mischen.

9 Den Kohlsalat mit Salz und Pfeffer abschmecken und bis zum Servieren mit der Fetacreme
im Kühlschrank aufbewahren.

4 Die Paprika halbieren, entstielen, entkernen, waschen und in 1 cm breite Streifen schneiden.
5 Die Zucchinischeiben mit Salz und Pfeffer würzen, mit Schafskäse und Paprika belegen und aufrollen. In eine Auflaufform legen.
6 Die Knoblauchzehen schälen. Die Chilischote waschen, entstielen, halbieren und entkernen. Knoblauchzehen und Chilischote fein hacken und auf den Zucchiniröllchen verteilen.
7 Das restliche Olivenöl in einer kleinen Schüssel mit Oregano und Balsamico mischen und die Röllchen damit beträufeln.
8 Die Zucchiniröllchen mindestens 3 Stunden kühl stellen und kalt servieren.

ZUCCHINIRÖLLCHEN

2 Zucchini | 5 EL Olivenöl | 200 g Schafskäse (Feta) | 1 rote Paprika | Salz | Pfeffer | 2 Knoblauchzehen | 1 Chilischote | 2 TL getrockneter Oregano | 2 EL Aceto balsamico bianco

Für 2 Personen | 30 Min. Zubereitung | 3 Std. Kühlen
Pro Portion ca. 575 kcal, 25 g E, 44 g F, 16 g KH

1 Die Zucchini waschen, putzen und längs in dünne Scheiben schneiden oder hobeln.
2 1 EL Olivenöl in einer Pfanne erhitzen und die Zucchinischeiben darin portionsweise anbraten.
3 Den Schafskäse in ca. 3 × 1 × 1 cm große Stücke schneiden.

BLUMENKOHLMUS MIT GEMÜSESTICKS

½ Blumenkohl | Salz | 2 EL Butter | 60 g geschälte Mandeln | ½ Zitrone | 150 g Joghurt | 1 TL Honig | ½ TL gemahlener Kreuzkümmel | Pfeffer | 2 Möhren | ½ Salatgurke | ½ rote Paprika | ½ gelbe Paprika

Für 2 Personen | 40 Min. Zubereitung
Pro Portion ca. 495 kcal, 19 g E, 32 g F, 25 g KH

1 Den Blumenkohl waschen und in grobe Röschen teilen.
2 Die Blumenkohlröschen in kochendes Salzwasser geben und etwa 30 Minuten kochen, bis sie sehr weich sind. Das Kochwasser abgießen,

die Butter dazugeben und alles mit dem Stabmixer fein pürieren.

3 Die Mandeln in einer Pfanne ohne Fett bei mittlerer Hitze anrösten. Die Zitrone auspressen.

4 Mandeln, Joghurt, Honig, Zitronensaft, Kreuzkümmel, Salz und Pfeffer in einem Mixer zu einer feinen Masse verarbeiten und unter den pürierten Blumenkohl heben. Das fertige Blumenkohlmus kalt stellen.

5 Möhren und Gurke schälen. Die Paprika halbieren, entstielen, entkernen und waschen.

6 Das Gemüse in Stifte schneiden und mit dem Blumenkohlmus servieren.

TEMPEH-SPIESSE

300 g Tempeh | 1 rote Paprika | ½ Zucchino | 1 rote Zwiebel | 200 g Champignons | 3 EL Olivenöl | 1 EL Currypulver | 1 TL Paprikapulver | Salz | Pfeffer
Außerdem: 4 Holz-Schaschlikspieße

Für 2 Personen | 30 Min. Zubereitung
Pro Portion ca. 480 kcal, 36 g E, 29 g F, 11 g KH

1 Tempeh in mundgerechte Stücke schneiden.

2 Die Paprika halbieren, entstielen, entkernen, waschen und ebenfalls in mundgerechte Stücke schneiden.

3 Den Zucchino waschen und in etwa 2 cm dicke Scheiben schneiden.

4 Die Zwiebel schälen, halbieren und in grobe Spalten schneiden.

5 Die Champignons putzen und halbieren.

6 Olivenöl in einer Schüssel mit Currypulver, Paprikapulver, Salz und Pfeffer verrühren.

7 Gemüse und Tempeh dazugeben, gründlich in der Marinade wenden und abwechselnd auf 4 Holz-Schaschlikspieße stecken.

8 Die Spieße in einer Grillpfanne bei mittlerer Hitze 7–10 Minuten von allen Seiten braten, bis das Gemüse gar ist. Man kann die Spieße auch auf den Grill legen.

BLUMENKOHLNUGGETS

400 g Blumenkohl | Salz | 250 g Mozzarella | 50 g Parmesan | 2 Eier | Pfeffer | 100 g Mandelblättchen | 1 EL Kokosöl

Für 2 Personen | 55 Min. Zubereitung
Pro Portion ca. 915 kcal, 55 g E, 71 g F, 12 g KH

1 Den Blumenkohl waschen und in kleine Stücke schneiden. In kochendes Salzwasser geben und 15 Minuten kochen.

2 Das Wasser abgießen. Den Blumenkohl in eine hohe Schüssel geben und mit dem Stabmixer fein pürieren.

3 Die Blumenkohlmasse kurz abkühlen lassen, auf ein sauberes Geschirrtuch geben und die Flüssigkeit herauspressen.

4 Mozzarella und Parmesan in grobe Stücke schneiden.

5 Blumenkohl, Mozzarella, Parmesan und Eier in eine Schüssel geben und mit dem Stabmixer zu einer glatten Masse verarbeiten. Mit Salz und Pfeffer würzen.

6 Aus der Masse kleine Nuggets formen. Die Mandelblättchen grob hacken und die Nuggets darin wenden.

7 Das Kokosöl in einer Pfanne erhitzen und die Nuggets darin bei mittlerer Hitze braten, bis sie goldbraun sind.

DAZU SCHMECKT

Tofubällchen und Blumenkohlnuggets passen sehr gut zu Pfannengemüsen, Suppen oder Salaten.

TOFUBÄLLCHEN

250 g Tofu | 2 EL Sojasauce | 1 Ei | 3 EL geriebener Parmesan | 4 EL gemahlene Mandeln | 3 EL Kokosöl

Für 2 Personen | 20 Min. Zubereitung
Pro Portion ca. 550 kcal, 35 g E, 43 g F, 3 g KH

1 Den Tofu mit einer Gabel zerdrücken.

2 Tofu, Sojasauce, Ei, Parmesan und gemahlene Mandeln in einer Schüssel vermengen. Aus der Masse Bällchen formen.

3 Das Kokosöl in einer Pfanne erhitzen und die Tofubällchen darin bei mittlerer Hitze unter Wenden in 10 Minuten goldbraun braten.

PESTOMUFFINS

150 g Blattspinat | 50 g Oliven | 30 g getrock-
nete Tomaten | 125 g Schafskäse (Feta) |
7 Eier | 3 EL Pesto | Pfeffer | etwas Kokosöl zum
Einfetten
Außerdem: 12 (Silikon-)Muffinförmchen

Für 2 Personen | 10 Min. Zubereitung |
25 Min. Backen
Pro Portion ca. 705 kcal, 41 g E, 57 g F, 5 g KH

1 Backofen auf 200° (Umluft 180°) vorheizen.
Muffinförmchen mit etwas Kokosöl einfetten.
2 Den Spinat waschen, trocken schleudern und
in breite Streifen schneiden. Die Oliven entkernen und hacken. Die getrockneten Tomaten in
Streifen schneiden. Den Schafskäse würfeln.
3 Die Eier in einer Schüssel mit dem Pesto verquirlen. Mit Pfeffer würzen.
4 Die Spinatstreifen, die gehackten Oliven, die
Tomatenstreifen und die Schafskäsewürfel auf

die 12 gefetteten Muffinförmchen verteilen. Die
Eier-Pesto-Mischung darübergießen, bis die
Muffinförmchen insgesamt zu etwa zwei Dritteln
gefüllt sind.
5 Die Muffins im Ofen 20–25 Minuten backen.

TIPP

SUPER FÜR UNTERWEGS

Muffins sind die ideale Mahlzeit zum
Mitnehmen, und mit unseren Rezepten können Sie sich auch in der Arbeit
gesund ernähren! Außerdem lassen
sich Muffins gut auf Vorrat backen
und einfrieren. Nehmen Sie einfach
morgens die gewünschte Menge Muffins aus dem Gefrierfach. Bis zum Mit-
tagessen sind sie aufgetaut und zum
Verzehr bereit.

FLEISCHLOS SATT: HAUPTGERICHTE

Mit den vielen kreativen Rezepten auf den nächsten Seiten beweisen wir Ihnen, dass die LCHF-Ernährung genügend Hauptgerichte bietet, die ganz hervorragend ohne Fleisch auskommen. Da dürfen die klassischen Gemüsegerichte der vegetarischen Küche natürlich auf keinen Fall fehlen. Andererseits erfahren Sie auch, wie Sie üblicherweise mit Fleisch zubereitete Gerichte wie gefüllte Paprika, Burger, Lasagne, Pizza und Co. fleischlos zubereiten können. Sogar für die beliebten – und schnellen – Nudelgerichte werden Sie kohlenhydratarme Alternativen finden. Es gibt raffinierte Rezepte mit Eiern und Käse, aber auch vorwiegend pflanzliche Mahlzeiten mit Soja oder Nüssen. Diese Rezepte sind sehr gut für Einsteiger, aber auch für Familienmitglieder geeignet, die der LCHF-Ernährung noch mit einer gewissen Skepsis gegenüberstehen.

GEFÜLLTE PAPRIKA

100 g Sojaschnetzel (grob) | ½ Zwiebel | 250 g Champignons | 1 Handvoll Petersilie | 125 g Mozzarella | 2 EL Kokosöl | 400 g stückige Tomaten (Dose) | Salz | Pfeffer | 1 rote Paprika | 1 gelbe Paprika

Für 2 Personen | 1 Std. Zubereitung | 30 Min. Backen
Pro Portion ca. 375 kcal, 43 g E, 27 g F, 27 g KH

1 Die Sojaschnetzel genau nach Packungsanweisung zubereiten.
2 Die Zwiebel schälen und würfeln. Champignons putzen und in Scheiben schneiden. Die Petersilie waschen, trocken schütteln und grob hacken. Mozzarella in dünne Scheiben schneiden.
3 Das Kokosöl in einer Pfanne erhitzen und die Zwiebelwürfel bei mittlerer Hitze glasig dünsten.
4 Sojaschnetzel und Champignons zugeben und kurz mitbraten.
5 Tomaten und Petersilie hinzufügen und alles bei mittlerer Hitze 15 Minuten köcheln lassen. Mit Salz und Pfeffer würzen.
6 Inzwischen den Backofen auf 200° (Umluft 180°) vorheizen.
7 Die Paprika halbieren, entstielen, entkernen und waschen.
8 Die Paprikahälften mit der Sojaschnetzelmasse füllen und den Mozzarellascheiben belegen. Auf ein mit Backpapier ausgelegtes Backblech setzen und 30 Minuten im Ofen backen ▸ **siehe Foto Seite 86**.

SPINAT-TORTILLA MIT BRIE

½ rote Zwiebel | 2 rote Chilischoten | 200 g Blattspinat | 150 g Brie | 1 EL Olivenöl | 6 Eier | Salz | Pfeffer

Für 2 Personen | 35 Min. Zubereitung
Pro Portion ca. 595 kcal, 46 g E, 42 g F, 7 g KH

1 Die Zwiebel schälen und in Ringe schneiden. Die Chilischoten waschen, entstielen und in Ringe schneiden. Den Spinat waschen, trocken schleudern und in breite Streifen schneiden.
2 Den Brie würfeln.
3 Das Olivenöl in einer Pfanne erhitzen und die Zwiebelringe darin bei mittlerer Hitze glasig dünsten. Die Spinatstreifen zugeben und 1 Minute mitdünsten.
4 Die Eier in einer Schüssel verquirlen, mit Salz und Pfeffer würzen und in die Pfanne gießen. Chili-Ringe und Brie darauf verteilen.
5 Die Tortilla zugedeckt bei kleiner Hitze 10 Minuten stocken lassen. Mit einem Pfannenwender in Stücke teilen, auf zwei Tellern anrichten und servieren.

TIPP

TRANSPORTABLE TORTILLAS
Tortillas und ähnliche Eiergerichte schmecken auch kalt lecker. Man kann sie gut vorbereiten und ins Büro oder zum Picknick mitnehmen.

GEMÜSESCHMARREN

250 g Möhren | 100 g grüne Bohnen |
100 g Frühlingszwiebeln | 1 Handvoll Peter-
silie | 2 Eier | 100 g gemahlene Mandeln |
½ TL Backpulver | Salz | Pfeffer | 1 Prise frisch
geriebene Muskatnuss | 100 ml Milch |
1 EL Kokosöl

Für 2 Personen | 45 Min. Zubereitung
Pro Portion ca. 550 kcal, 24 g E, 40 g F,
19 g KH

1 Die Möhren schälen, der Länge nach halbieren, in Scheiben schneiden. Bohnen waschen,
putzen, in mundgerechte Stücke schneiden.
2 Die Frühlingszwiebeln putzen und in breite
Ringe schneiden. Die Petersilie waschen, trocken schütteln und fein hacken.
3 Die Eier trennen. Die Eiweiße in einer Schüssel steif schlagen.

4 Die Mandeln in einer weiteren Schüssel mit
dem Backpulver mischen. Mit Eigelben, Salz,
Pfeffer, Muskatnuss und Milch zu einem Teig
verrühren. Den Eischnee vorsichtig unterheben.
5 Das Kokosöl in einer Pfanne erhitzen und die
Möhren darin bei mittlerer Hitze 2 Minuten anbraten. Bohnen und Frühlingszwiebeln zugeben
und 2 Minuten mitbraten. Mit Salz und Pfeffer
würzen.
6 Den Teig in die Pfanne gießen und bei mittlerer Hitze 5 Minuten backen. Vierteln, wenden
und 5 Minuten weiterbacken.
7 Den Gemüseschmarren mit zwei Holzlöffeln
in Stücke zupfen. Auf zwei Teller verteilen und
mit Petersilie bestreut servieren.

GEMÜSEGRATIN

200 g Brokkoli | 200 g Blumenkohl | 2 Möh-
ren | Salz | 1 Paprika | 1 EL Kokosöl | 2 Eier |
150 g Sahne | 150 g Gouda

Für 2 Personen | 20 Min. Zubereitung |
30 Min. Backen
Pro Portion ca. 735 kcal, 36 g E, 53 g F,
20 g KH

1 Backofen auf 200° (Umluft 180°) vorheizen.
2 Brokkoli und Blumenkohl waschen und in
Röschen teilen. Die Möhren schälen und in 1 cm
dicke Scheiben schneiden.
3 Brokkoli- und Blumenkohlröschen sowie
Möhrenscheiben in kochendes Salzwasser geben und 5 Minuten köcheln lassen.

4 Die Paprika halbieren, entstielen, entkernen, waschen und in dünne Streifen schneiden.

5 Brokkoli, Blumenkohl und Möhren abgießen. Mit den Paprikastreifen in eine mit dem Kokosöl eingefettete Auflaufform geben.

6 Die Eier mit der Sahne verquirlen und über das Gemüse gießen.

7 Den Gouda reiben, darüberstreuen und den Auflauf 30 Minuten im Ofen backen.

GEMÜSEWRAPS

½ Zucchino | 1 rote Paprika | 2 Tomaten | ½ Zwiebel | 1 Handvoll Champignons | 2 EL Olivenöl | 6 Eier | Salz | Pfeffer | 100 g Schafskäse (Feta)

Für 2 Personen | 40 Min. Zubereitung
Pro Portion ca. 560 kcal, 37 g E, 38 g F, 16 g KH

1 Den Zucchino waschen und putzen. Die Paprika halbieren, entstielen, entkernen und waschen. Die Tomaten waschen und von den Stielansätzen befreien. Das Gemüse würfeln.

2 Die Zwiebel schälen und in feine Ringe schneiden. Die Champignons putzen und in dünne Scheiben schneiden.

3 Das Olivenöl in einer beschichteten Pfanne erhitzen und die Zwiebelringe darin bei mittlerer Hitze glasig dünsten.

4 Zucchini-, Paprika- und Tomatenwürfel sowie Champignonscheiben hinzufügen und unter Rühren 7 Minuten mitbraten.

5 Das Gemüse auf einen Teller geben und mit Alufolie abdecken.

6 3 Eier mit der Gabel in einer kleinen Schüssel verquirlen. Mit Salz und Pfeffer würzen. In die Pfanne gießen und 3 Minuten stocken lassen. Das Omelett wenden, noch 1 Minute weiterbraten und auf einen Teller gleiten lassen.

7 Mit den verbliebenen 3 Eiern ebenso verfahren. Gegebenenfalls noch etwas Olivenöl in die Pfanne geben.

8 Das Gemüse auf die beiden Omeletts verteilen und den Schafskäse darüberbröseln. Die Omeletts zu Wraps rollen und sofort servieren.

GEMÜSECURRY

1 Möhre | 1 Zucchino | 200 g Champignons |
200 g Brokkoli | 1 Paprika | ½ Zwiebel |
2 EL Kokosöl | 2 Handvoll Sojasprossen |
400 ml Kokosmilch | 3 EL Erdnussmus |
1 Handvoll Cashewkerne | Salz | Pfeffer | Chili-
flocken

Für 2 Personen | 50 Min. Zubereitung
Pro Portion ca. 760 kcal, 22 g E, 60 g F,
28 g KH

1 Die Möhre schälen und in 1 cm dicke Scheiben schneiden. Den Zucchino waschen, putzen,
der Länge nach halbieren und in Scheiben
schneiden.
2 Die Champignons putzen und vierteln. Den
Brokkoli waschen und in Röschen teilen. Die Paprika halbieren, entstielen, entkernen, waschen
und in Würfel schneiden. Die halbe Zwiebel
schälen und vierteln.
3 Kokosöl in einem Topf erhitzen und Gemüse
darin bei mittlerer Hitze 7 Minuten anbraten.
4 Sojasprossen und Kokosmilch zugeben. Das
Erdnussmus einrühren und das Curry zugedeckt
25 Minuten köcheln lassen.

5 Inzwischen die Cashewkerne in einer Pfanne
ohne Fett bei mittlerer Hitze anrösten.
6 Das Curry mit Salz, Pfeffer und Chiliflocken
abschmecken. Auf zwei Teller verteilen und mit
den Cashewkernen bestreut servieren.

GEFÜLLTE CHAMPIGNONS

6 Riesenchampignons | 2 Frühlingszwiebeln |
1 Knoblauchzehe | 200 g Schafskäse (Feta) |
100 g Frischkäse | ½ TL getrockneter Thymian |
½ TL getrockneter Rosmarin | Salz | Pfeffer |
1 EL Olivenöl

Für 2 Personen | 20 Min. Zubereitung |
20 Min. Backen
Pro Portion ca. 430 kcal, 25 g E, 35 g F, 3 g KH

1 Backofen auf 200° (Umluft 180°) vorheizen.
2 Die Riesenchampignons putzen. Die Stiele
herausdrehen und in Scheiben schneiden.
3 Die Frühlingszwiebeln putzen und in dünne
Ringe schneiden. Die Knoblauchzehe schälen
und fein hacken.
4 Schafskäse, Frischkäse und Knoblauch in einer kleinen Schüssel mit einer Gabel verrühren.
Frühlingszwiebeln, Thymian, Rosmarin und ge-
schnittene Pilzstiele untermischen. Mit Salz und
Pfeffer würzen.
5 Die Champignonköpfe außen mit Olivenöl
einpinseln und mit der geölten Seite nach unten
auf ein mit Backpapier ausgelegtes Backblech
setzen. Gleichmäßig mit der Käsemasse füllen
und 20 Minuten im Ofen backen.

KOHLRABISCHNITZEL MIT TOPINAMBURPOMMES

Für die Schnitzel: 1 Kohlrabi (ca. 400 g) | Salz | 2 Eier | Pfeffer | 60 g Parmesan | 150 g gemahlene Mandeln | 2 EL Kokosöl
Für die Pommes: 300 g Topinambur | 2 EL Olivenöl | 1 TL gemahlene Kurkuma | 1 TL Paprikapulver | Salz | Pfeffer

Für 2 Personen | 1 Std. 15 Min. Zubereitung
Pro Portion ca. 995 kcal, 44 g E, 74 g F, 20 g KH

1 Für die Schnitzel den Kohlrabi schälen und im Ganzen in kochendem Salzwasser 20 Minuten köcheln lassen.

2 Die Eier in einem tiefen Teller mit einer Gabel verquirlen. Mit Salz und Pfeffer würzen.

3 Parmesan und Mandeln in einem weiteren tiefen Teller mischen.

4 Den Kohlrabi aus dem Topf nehmen und vor der Weiterverarbeitung etwas abkühlen lassen. Quer in 1 cm dicke Scheiben schneiden.

5 Die Kohlrabischeiben nacheinander zuerst in den Eiern, dann in der Mandel-Parmesan-Mischung wenden.

6 Das Kokosöl in einer Pfanne erhitzen und die panierten Kohlrabischeiben darin portionsweise auf beiden Seiten goldbraun braten.

7 Für die Topinamburpommes den Backofen auf 220° (Umluft 200°) vorheizen.

8 Topinambur schälen und in gleichmäßige Stifte schneiden.

9 Olivenöl, gemahlene Kurkuma, Paprikapulver, Salz und Pfeffer in einer Schüssel verrühren. Die Topinamburstifte darin wenden, auf ein mit Backpapier ausgelegtes Backblech geben und 20 Minuten im Ofen backen. Wer einen Backofen mit Grillfunktion hat, kann in den letzten 5 Minuten den Grill einschalten.

INFO

TOPINAMBUR – KOHLENHYDRATARM UND PRÄBIOTISCH

Topinambur ist wie die Kartoffel ein Wurzelgemüse. Die Knolle stammt ursprünglich aus Nord- und Mittelamerika und erinnert von der Form her an Ingwer. Im Gegensatz zur Kartoffel enthält sie keine Stärke, sondern den präbiotischen Ballaststoff Inulin. Dieser kann von menschlichen Verdauungsenzymen nicht gespalten werden, es wird daraus also auch keine Energie bereitgestellt. Inulin ist zunächst reines Futter für unsere Darmbakterien, die es zu kurzkettigen Fettsäuren fermentieren, welche der menschliche Körper nutzen kann. 100 Gramm Topinambur enthalten ungefähr 30 Kalorien und lediglich 4 Gramm Kohlenhydrate. Das ist die Hälfte der Kalorien und knapp ein Drittel der Kohlenhydrate der Kartoffel.

GRILLSPARGEL MIT EIER-SAUCE

800 g grüner Spargel | Salz | 2 Eier | 100 ml Gemüsebrühe | 150 g Crème fraîche | 1 Bund Petersilie | 1 EL Zitronensaft | Pfeffer | 1 EL Olivenöl

Für 2 Personen | 30 Min. Zubereitung
Pro Portion ca. 425 kcal, 18 g E, 34 g F, 11 g KH

1 Den Backofengrill auf 240° vorheizen.

2 Den Spargel waschen, im unteren Drittel schälen und die holzigen Enden abschneiden. In kochendem Salzwasser in 8 Minuten bissfest garen und abgießen.

3 Die Eier in 10 Minuten hart kochen, mit kaltem Wasser abschrecken und abkühlen lassen.

4 Gemüsebrühe und Crème fraîche in einen Topf geben und bei mittlerer Hitze bis zur gewünschten Konsistenz einkochen.

5 Die Petersilie waschen, trocken schütteln und fein hacken. Die Eier pellen und würfeln.

6 Petersilie und Eier in die Sauce geben. Die Eiersauce mit Zitronensaft, Salz und Pfeffer abschmecken.

7 Die Spargelstangen mit dem Olivenöl einpinseln und 3–4 Minuten unter dem heißen Backofengrill grillen.

8 Auf zwei Teller verteilen und mit der Eiersauce servieren.

AUBERGINEN-BRUSCHETTA

2 Auberginen | 1 Knoblauchzehe | 4 EL Olivenöl | Salz | Pfeffer | 4 Tomaten | 250 g Mozzarella | 1 rote Zwiebel | 1 EL Aceto balsamico | Basilikumblätter zum Garnieren

Für 2 Personen | 25 Min. Zubereitung
Pro Portion ca. 600 kcal, 28 g E, 45 g F, 19 g KH

1 Die Auberginen waschen, trocken reiben und in fingerdicke Scheiben schneiden. Die Knoblauchzehe schälen, der Länge nach halbieren und die Auberginenscheiben auf beiden Seiten damit einreiben.

2 2 EL Olivenöl in einer Pfanne erhitzen und die Auberginenscheiben darin von beiden Seiten 10 Minuten braten. Mit Salz und Pfeffer würzen und kurz abkühlen lassen.

3 Inzwischen die Tomaten halbieren, von den Stielansätzen befreien und mit einem Löffel entkernen. Tomaten und Mozzarella in kleine Würfel schneiden. Die Zwiebel schälen, halbieren und in dünne Ringe schneiden.

4 Tomaten, Mozzarella und Zwiebeln in einer kleinen Schüssel mit dem restlichen Olivenöl und dem Balsamico mischen. Mit Salz und Pfeffer abschmecken.

5 Die Mischung auf den Auberginenscheiben verteilen und mit Basilikum garniert servieren.

ZUCCHINI-LASAGNE

2 Zucchini | Salz | 1 Möhre | ½ Zwiebel | 1 Knoblauchzehe | 8 Blätter Basilikum | 200 g Tofu | 1 TL Olivenöl | 2 EL Sojasauce | 250 ml passierte Tomaten | 2 EL Tomatenmark | 1 TL getrockneter Oregano | 1 TL Paprikapulver | Pfeffer | 150 g Gratinkäse

Für 2 Personen | 40 Min. Zubereitung | 30 Min. Backen
Pro Portion ca. 595 kcal, 47 g E, 31 g F, 23 g KH

1 Backofen auf 200° (Umluft 180°) vorheizen.
2 Die Zucchini waschen, putzen und der Länge nach in dünne Scheiben schneiden. Auf einen Teller verteilen und leicht salzen. Dadurch wird ihnen Flüssigkeit entzogen. Die Flüssigkeit mit Küchenpapier abtupfen.
3 Möhre und Zwiebel schälen und klein würfeln. Die Knoblauchzehe schälen und fein hacken. Die Basilikumblätter waschen, trocken schütteln und fein hacken.
4 Den Tofu mit einer Gabel zerdrücken.

5 Das Olivenöl in einer Pfanne erhitzen und die Zwiebel darin bei mittlerer Hitze glasig dünsten. Möhre und Tofu zugeben und 5 Minuten mitdünsten. Mit der Sojasauce ablöschen.
6 Passierte Tomaten, Tomatenmark, Knoblauch, Basilikum, Oregano und Paprikapulver hinzufügen. Mit Salz und Pfeffer abschmecken.
7 Den Boden einer kleinen Auflaufform mit Zucchinischeiben auslegen, etwas Tomatensauce und etwas Käse darauf verteilen. Auf diese Weise weiterschichten, bis alle Zutaten aufgebraucht sind. Mit Käse abschließen.
8 Die Lasagne 30 Minuten im Ofen backen, kurz abkühlen lassen und servieren.

LOW-CARB-PIZZA

Für den Boden: 1 Blumenkohl | Salz |
200 g Gouda | 4 Eier | 4 EL Kokosmehl | Pfeffer
Für die Sauce: 250 ml passierte Tomaten |
1 TL getrockneter Thymian | 2 TL getrockneter
Oregano | Salz | Pfeffer
Für den Belag: nach Wahl z. B. Mozzarella,
Paprika, Zucchini, Auberginen, Blattspinat

Für 2 Personen | 1 Std. Zubereitung |
10 Min. Backen
Pro Portion ca. 895 kcal, 72 g E, 51 g F,
27 g KH

1 Für den Boden den Backofen auf 200° (Umluft 180°) vorheizen.

2 Den Blumenkohl waschen, in kleine Stücke
schneiden und in kochendem Salzwasser in
15 Minuten garen. Abgießen, in eine hohe
Schüssel geben und mit dem Stabmixer glatt
pürieren.

3 Die Blumenkohlmasse kurz abkühlen lassen,
auf ein sauberes Geschirrtuch geben und die
Flüssigkeit herauspressen.

4 Den Gouda reiben. Blumenkohl, Eier, Gouda
und Kokosmehl in eine hohe Schüssel geben.
Mit dem Stabmixer zu einer glatten Masse verarbeiten. Mit Salz und Pfeffer würzen.

5 Die Masse auf ein mit Backpapier ausgelegtes Backblech verteilen und mit den Händen
flach drücken. Den Pizzaboden etwa 15–20 Minuten im Ofen backen.

6 Für die Tomatensauce inzwischen die passierten Tomaten, Thymian und Oregano in einen
kleinen Topf geben und bei kleiner Hitze 10 Minuten köcheln lassen. Mit Salz und Pfeffer abschmecken.

7 Den Pizzaboden aus dem Ofen nehmen und
die Tomatensauce gleichmäßig darauf verteilen.
Den Pizzaboden nach Wunsch mit weiteren Zutaten belegen.

8 Die Pizza weitere 5–10 Minuten backen.

VARIANTEN

Beim Pizzabelag sind der Fantasie keinerlei
Grenzen gesetzt. Wie wäre es zum Beispiel
mit einer 4-Käse-Pizza mit Gorgonzola, Parmesan, Mozzarella und Emmentaler oder
einer Gemüsepizza mit Aubergine, Paprika
und Zucchini?

AUBERGINEN-CANNELLONI

1 gelbe Paprika | 1 Zwiebel | 1 Knoblauchzehe |
3 EL Olivenöl | 250 g stückige Tomaten (Dose) |
Salz | Pfeffer | 2 Auberginen (à ca. 200 g) |
6 Blätter Basilikum | 50 g getrocknete Toma-
ten | 75 g Frischkäse | 150 g Ricotta | 1 EL ge-
mahlene Mandeln

Für 2 Personen | 45 Min. Zubereitung |
15 Min. Backen
Pro Portion ca. 550 kcal, 16 g E, 40 g F,
28 g KH

1 Die Paprika halbieren, entstielen, entkernen,
waschen und fein würfeln. Zwiebel und Knoblauch schälen und würfeln.
2 1 EL Olivenöl in einer Pfanne erhitzen. Paprika, Zwiebeln und Knoblauch darin bei mittlerer
Hitze anbraten. Die stückigen Tomaten zugeben.
3 Die Sauce mit Salz und Pfeffer abschmecken.
Bei kleiner Hitze 15 Minuten köcheln lassen.

4 Backofen auf 180° (Umluft 160°) vorheizen.
5 Die Auberginen waschen, putzen und längs
in ca. ½ cm dicke Scheiben schneiden. Mit dem
restlichen Olivenöl bestreichen.
6 Auberginenscheiben auf ein mit Backpapier
ausgelegtes Backblech verteilen und in 15 Minuten im Ofen garen. Aus dem Ofen nehmen
und ein wenig abkühlen lassen.
7 Die Tomatensauce in eine Auflaufform geben.
8 Die Basilikumblätter waschen und trocken
schütteln. Die Basilikumblätter und die getrockneten Tomaten hacken und in einer kleinen
Schüssel mit Frischkäse, Ricotta und gemahle-
nen Mandeln vermengen.
9 Jede Auberginenscheibe mit 1 gehäuften EL
der Käsemasse bestreichen und vorsichtig aufrollen. So lange fortsetzen, bis alle Zutaten aufgebraucht sind.
10 Die Auberginen-Cannelloni mit der Naht nach
unten in die Sauce setzen und im Ofen 15 Minuten backen.

ZOODLES MIT BÄRLAUCH-PESTO

Für das Pesto: 250 g Bärlauch | 1 Bio-Limette | 150 ml Olivenöl | 100 g Parmesan | 50 g Pinienkerne | 80 g Mandeln | Salz | Pfeffer
Für die Zoodles: 2 Zucchini | Salz | 1 Handvoll Kirschtomaten

Für 2 Personen | 15 Min. Zubereitung
Pro Portion ca. 375 kcal, 15 g E, 29 g F, 10 g KH

1 Für das Pesto den Bärlauch waschen und trocken schleudern. Die Limette waschen, die Schale abreiben und den Saft auspressen.

2 Alle Pestozutaten in einen Mixer geben und fein pürieren.

3 Das Pesto in Einmachgläser füllen. Mit etwas zusätzlichem Olivenöl bedeckt im Kühlschrank aufbewahren.

4 Für die Zoodles die Zucchini waschen und putzen. Mit dem Spiralschneider oder dem Sparschäler zu Nudeln hobeln.

5 Die Zucchininudeln in kochendem Salzwasser 1–2 Minuten garen.

6 Die Tomaten waschen und halbieren.

7 Die Zucchininudeln mit dem Tomaten und 150 g Bärlauchpesto mischen.

8 Die Zoodles mit Bärlauchpesto und Tomaten auf zwei Tellern anrichten und servieren.

MÖHRENNUDELN MIT SOJA-GESCHNETZELTEM

500 g Möhren | 150 g Sojaschnetzel (grob) | 200 ml Gemüsebrühe | 1 Zwiebel | 1 Knoblauchzehe | 1 EL Olivenöl | 2 EL Aceto balsamico | 500 g passierte Tomaten | 2 EL Tomatenmark | 1 TL getrockneter Oregano | Salz | Pfeffer | Basilikumblätter zum Garnieren

Für 2 Personen | 1 Std. Zubereitung
Pro Portion ca. 495 kcal, 45 g E, 10 g F, 44 g KH

1 Die Möhren schälen. Mit dem Spiralschneider oder dem Sparschäler in dünne Streifen hobeln.
2 Die Sojaschnetzel nach Packungsanweisung in heißer Gemüsebrühe quellen lassen.
3 Die Zwiebel schälen und würfeln. Die Knoblauchzehe schälen und fein hacken.
4 Das Olivenöl in einer Pfanne erhitzen und die Zwiebeln darin bei mittlerer Hitze glasig dünsten. Sojaschnetzel und Knoblauch hinzufügen und kurz mitbraten. Mit Balsamico ablöschen.
5 Die passierten Tomaten und das Tomatenmark zugeben.
6 Die Sauce mit Oregano, Salz und Pfeffer würzen und bei kleiner Hitze zugedeckt 30 Minuten köcheln lassen.
7 Die Möhrennudeln in kochendem Wasser in 3–5 Minuten garen.
8 Die Möhrennudeln mit dem Sojageschnetzelten auf zwei Tellern anrichten und mit den Basilikumblättern garniert servieren.

TIPP

SCHNELLE GEMÜSENUDELN

Auf Nudeln müssen Sie auch bei der LCHF-Ernährung keinesfalls verzichten. Mit einem Spiralschneider lässt sich aus verschiedenen Gemüsesorten ganz einfach eine Nudelalternative zaubern. Wegen ihrer Form sind Zucchini und Möhren am besten geeignet. Aber auch kohlenhydratarme Wurzelgemüse wie Petersilienwurzel, Sellerieknolle und Rote Bete lassen sich mit dem Spiralschneider zu Gemüsenudeln verarbeiten.

und Pfeffer würzen. Einköcheln lassen, bis die gewünschte Cremigkeit erreicht ist.

4 Die Zucchini waschen und mit dem Spiralschneider oder dem Sparschäler zu Nudeln hobeln. In kochendem Salzwasser in 2 Minuten garen. Mit der Käse-Sahne-Sauce servieren.

HALLOUMI-PUFFER

300 g Halloumi | 200 g Pak Choi | 1 Zwiebel | 1 Knoblauchzehe | 2 EL Kokosmehl | 1 Ei | ½ Bund Petersilie | Salz | Pfeffer | Chiliflocken | 2 TL Kokosöl

Für 2 Personen | 35 Min. Zubereitung
Pro Portion ca. 665 kcal, 44 g E, 46 g F, 15 g KH

1 Den Halloumi grob hacken. Pak Choi waschen und in dicke Streifen schneiden.

2 Zwiebel und Knoblauchzehe schälen und grob hacken.

3 Halloumi, Pak Choi, Zwiebel und Knoblauch in einen Mixer geben und pürieren.

4 Die Halloumimasse in eine Schüssel geben. Mit Kokosmehl und Ei vermengen.

5 Die Petersilie waschen, trocken schütteln und fein hacken. Unter die Halloumimasse heben.

6 Die Masse mit Salz, Pfeffer und Chiliflocken abschmecken und daraus mit feuchten Händen kleine Bratlinge formen.

7 Das Kokosöl in einer Pfanne erhitzen und die Bratlinge darin von beiden Seiten braten, bis sie goldbraun sind.

ZUCCHININUDELN MIT KÄSE-SAHNE-SAUCE

1 Zwiebel | 1 Knoblauchzehe | 120 g Emmentaler | 1 EL Butter | 200 g Frischkäse | 250 g Sahne | 1 TL getrockneter Oregano | ½ TL getrockneter Thymian | Salz | Pfeffer | 2 Zucchini

Für 2 Personen | 20 Min. Zubereitung
Pro Portion ca. 930 kcal, 31 g E, 81 g F, 20 g KH

1 Zwiebel und Knoblauch schälen und fein hacken. Den Emmentaler würfeln.

2 Die Butter in einer Pfanne erhitzen und die Zwiebeln darin bei mittlerer Hitze glasig dünsten. Die Temperatur reduzieren. Knoblauch und Emmentaler zugeben und den Käse bei kleiner Hitze anschmelzen lassen.

3 Den Frischkäse einrühren. Die Sahne angießen und die Sauce mit Oregano, Thymian, Salz

RICOTTA-SPINAT-PLÄTZCHEN

125 g Blattspinat | 40 g Parmesan | 450 g Ricotta | 2 EL Kokosmehl | 2 Eier | Salz | Pfeffer | 500 g Tomaten | 1 Frühlingszwiebel | ½ Bund Basilikum | 4 EL Olivenöl | 2 EL Aceto balsamico

Für 2 Personen | 30 Min. Zubereitung
Pro Portion ca. 840 kcal, 40 g E, 62 g F, 26 g KH

1 Den Spinat waschen, trocken schleudern und in feine Streifen schneiden.

2 Parmesan reiben. Mit Spinat, Ricotta, Kokosmehl und Eiern in einer Schüssel verrühren. Mit Salz und Pfeffer würzen. Ricottamasse kühlen.

3 Die Tomaten waschen, von den Stielansätzen befreien und in dünne Scheiben schneiden. Die Frühlingszwiebel schälen und in dünne Ringe schneiden. Das Basilikum waschen, trocken schütteln und die Blätter abzupfen.

4 3 EL Olivenöl mit dem Balsamico verrühren, mit Salz und Pfeffer würzen.

5 Die Tomaten auf zwei Teller verteilen. Erst mit den Frühlingszwiebeln und den Basilikumblättern bestreuen, dann mit Dressing beträufeln.

6 Restliches Olivenöl in einer Pfanne erhitzen.

7 Von der Ricottamasse mit einem Esslöffel kleine Nocken abstechen. In die Pfanne geben, mit dem Löffel flach drücken und von beiden Seiten jeweils 2 Minuten braten, bis sie goldbraun sind.

8 Die Ricotta-Spinat-Plätzchen auf dem Tomatensalat anrichten und servieren.

BROKKOLI-PUFFER MIT KRÄUTERCREME

Für die Puffer: 1 Brokkoli | 150 g Emmentaler | 2 Knoblauchzehen | 250 g Quark | 60 g Cashewkerne | 2 Eier | 1 Prise frisch geriebene Muskatnuss | Salz | Pfeffer
Für die Kräutercreme: 100 g Crème fraîche | 200 g Joghurt | ½ Bund Petersilie | 2 EL Dill | 8 Stängel Schnittlauch | Salz | Pfeffer | 2 Prisen Knoblauchgranulat

Für 2 Personen | 15 Min. Zubereitung | 25 Min. Backen
Pro Portion ca. 980 kcal, 68 g E, 63 g F, 30 g KH

1 Backofen auf 200° (Umluft 180°) vorheizen.
2 Brokkoli waschen. Brokkoli und Emmentaler in kleine Stücke schneiden. Knoblauch schälen.

3 Brokkoli, Emmentaler, Knoblauch, Quark, Cashewkerne und Eier in eine hohe Schüssel geben und mit dem Stabmixer pürieren oder in der Küchenmaschine verarbeiten.
4 Die Masse mit Muskatnuss, Salz und Pfeffer würzen. Mit einem Esslöffel kleine Häufchen auf ein mit Backpapier ausgelegtes Backblech setzen und flach drücken, sodass ca. 1 cm hohe Plätzchen entstehen.
5 Die Puffer etwa 25 Minuten im Ofen backen, bis sie Farbe angenommen haben.
6 Für die Kräutercreme die Crème fraîche in einer kleinen Schüssel mit dem Joghurt verrühren.
7 Petersilie, Dill und Schnittlauch waschen, trocken schütteln, fein hacken und unter die Joghurtcreme rühren.
8 Die Kräutercreme mit Salz, Pfeffer und Knoblauchgranulat abschmecken. Zu den Brokkolipuffern servieren.

HERZHAFTE CRÊPES

4 Eier | 3 EL Milch | 1 EL Kokosmehl | Salz | ½ Zwiebel | 2 TL Kokosöl | 1 Avocado | 2 Tomaten | Pfeffer

Für 2 Personen | 20 Min. Zubereitung
Pro Portion ca. 425 kcal, 20 g E, 31 g F, 13 g KH

1 Eier, Milch, Kokosmehl und 1 Prise Salz in einer Schüssel zu einem Teig verrühren. 3–5 Minuten ruhen lassen, damit er andickt.
2 Die Zwiebel schälen und in Ringe schneiden. 1 TL Kokosöl in einer beschichteten Pfanne erhit-

zen, die Zwiebelringe darin bei mittlerer Hitze glasig dünsten und auf einen Teller geben.

3 Die Avocado halbieren, den Kern entfernen und das Fruchtfleisch mit einem Löffel herausheben. Das Avocadofruchtfleisch in dünne Scheiben schneiden.

4 Die Tomaten waschen, von den Stielansätzen befreien und in dünne Scheiben schneiden.

5 Die Hälfte des restlichen Kokosöls in der Pfanne erhitzen. Die Hälfte des Teigs in die Pfanne gießen und durch Schwenken gleichmäßig darin verteilen. Die Crêpe von beiden Seiten goldbraun backen. Mit der zweiten Hälfte des Teigs ebenso verfahren.

6 Die Crêpes mit Avocado, Tomaten und Zwiebeln füllen, mit Salz und Pfeffer würzen, falten und servieren.

FALAFEL

200 g Blumenkohl | 1 Knoblauchzehe | ½ Bund Petersilie | 100 g gemahlene Mandeln | 1 TL gemahlener Kreuzkümmel | 1 TL gemahlener Koriander | Salz | ½ TL Cayennepfeffer | 2 Eier | 3 EL Kokosmehl | 1 TL Kokosöl | 2 EL Tahin (Sesampaste) | 4 EL Wasser | 1 EL Zitronensaft

Für 2 Personen | 20 Min. Zubereitung
Pro Portion ca. 600 kcal, 29 g E, 47 g F, 11 g KH

1 Den Blumenkohl waschen, in kleine Stücke schneiden und im Mixer zerkleinern.

2 Den Knoblauch schälen und fein hacken.

3 Die Petersilie waschen, trocken schütteln und fein hacken.

4 Blumenkohl, Mandeln, Kreuzkümmel, Koriander, 1 TL Salz und Cayennepfeffer in einer Schüssel mischen. Knoblauch, Petersilie, Eier und Kokosmehl dazugeben und gut unterrühren.

5 Das Kokosöl in einer Pfanne erhitzen. Aus der Blumenkohlmasse kleine Bällchen formen und auf jeder Seite etwa 4 Minuten braten, bis sie goldbraun sind.

6 Tahin, Wasser, Zitronensaft und 1 TL Salz in einer kleinen Schüssel verrühren und die Bällchen damit servieren.

WIRSINGROLLEN MIT ERDNUSSDIP

100 g Erdnussmus | 1 EL Currypulver |
1½ EL Sojasauce | 3 EL Kokosmilch |
100 g Tofu | 2 EL Kokosöl | 2 Eier | 1 Limette |
1 Avocado | 1 Möhre | ¼ Salatgurke | 100 g Rot-
kohl | ½ Paprika | 12 Blätter Wirsing | 1 Hand-
voll Sojasprossen
Außerdem: 12 Holz-Zahnstocher

Für 2 Personen | 55 Min. Zubereitung
Pro Portion ca. 825 kcal, 37 g E, 61 g F,
24 g KH

1 Erdnussmus, Currypulver, ½ EL Sojasauce
und Kokosmilch in einer kleinen Schüssel zu
einer Sauce verrühren.
2 Den Tofu in Streifen schneiden. 1 EL Kokosöl
in einer Pfanne erhitzen und die Tofustreifen darin bei mittlerer Hitze braten, bis sie goldbraun
sind. Die gebratenen Tofustreifen auf einen Teller geben und beiseitestellen.
3 Die Eier mit der restlichen Sojasauce verquirlen. Das restliche Kokosöl in der Pfanne erhitzen. Die Eier hineingießen und bei kleiner Hitze
stocken lassen. Einmal wenden. Das fertige
Omelett auf ein Schneidebrett gleiten lassen
und in Streifen schneiden.
4 Die Limette auspressen. Die Avocado halbieren, den Kern entfernen und das Fruchtfleisch
mit einem Löffel herausheben. In dünne Spalten
schneiden und mit dem Limettensaft beträufeln.
5 Möhre und Gurke schälen und in dünne Streifen schneiden. Den Rotkohl waschen und in
Streifen schneiden. Die Paprika entstielen, entkernen, waschen und in Streifen schneiden.
6 Die Wirsingblätter waschen und die harten
Blattrippen herausschneiden. In kochendem
Wasser 3–5 Sekunden blanchieren.
7 Wirsingblätter sparsam mit Tofu, Omelett,
Avocado, Möhre, Rotkohl, Gurke, Paprika und
Sojasprossen füllen, sodass sie sich noch gut
einrollen lassen. Dazu das Wirsingblatt einmal
um die Füllung wickeln, die Seiten einschlagen
und vollständig aufrollen. Mit einem Zahnsto-
cher feststecken.
8 Die Wirsingrollen auf zwei Tellern anrichten
und mit dem Erdnussdip servieren.

ZUCCHINI MIT RICOTTA-KRÄUTER-FÜLLUNG

2 Zucchini | 1 Knoblauchzehe | 1 Zwiebel | 1 EL Olivenöl | 2 Blätter Salbei | 5 Blätter Minze | 250 g Ricotta | 1 Ei | 2 EL geriebener Parmesan | Salz | Pfeffer

Für 2 Personen | 25 Min. Zubereitung | 30 Min. Backen
Pro Portion ca. 455 kcal, 27 g E, 28 g F, 22 g KH

1 Die Zucchini waschen, putzen und der Länge nach halbieren. Das weiche Fruchtfleisch mit einem Löffel herausschaben und grob hacken.
2 Die Knoblauchzehe und die Zwiebel schälen und fein würfeln.
3 Das Olivenöl in einer Pfanne erhitzen. Zucchinifruchtfleisch, Knoblauch und Zwiebel hineingeben und 3 Minuten anschwitzen.
4 Backofen auf 200° (Umluft 180°) vorheizen.
5 Salbei und Minze waschen, trocken schütteln und grob hacken.
6 Das Gemüse in einer Schüssel mit Ricotta, Ei, Salbei, Minze und Parmesan vermischen. Mit Salz und Pfeffer würzen.
7 Die ausgehöhlten Zucchini auf ein mit Backpapier ausgelegtes Backblech legen und mit der Ricottamasse füllen.
8 Die gefüllten Zucchini etwa 30 Minuten im Ofen backen.
9 Die gebackenen Zucchinihälften auf zwei Tellern anrichten und servieren.

LOW-CARB-GNOCCHI

200 g geriebener Mozzarella | 3 Eigelb | 1 EL Olivenöl | 1 EL Butter

Für 2 Personen | 40 Min. Zubereitung
Pro Portion ca. 525 kcal, 30 g E, 44 g F, 2 g KH

1 Den Mozzarella im Wasserbad schmelzen.
2 Die Eigelbe nacheinander unter den geschmolzenen Mozzarella rühren, bis ein glatter Teig entsteht. Den Teig in 4 Portionen teilen und die Teigportionen 15 Minuten im Kühlschrank ruhen lassen.
3 Die Hände mit etwas Olivenöl einreiben und den Teig zu 4 fingerdicken Rollen formen. Die Rollen in etwa 2 cm lange Stücke schneiden und diese mit der Gabel etwas eindrücken.
4 Die Butter in einer Pfanne erhitzen und die Gnocchi darin rundherum goldbraun anbraten.
5 Die fertigen Low-Carb-Gnocchi zum Beispiel mit Sauerkraut oder dem Bärlauchpesto ▶ **siehe Seite 96** servieren.

TIPP

GERIEBENER MOZZARELLA
Geriebener Mozzarella hat einen geringeren Flüssigkeitsanteil als Mozzarellakugeln in Lake und ist dadurch für die Zubereitung mancher Gerichte besser geeignet. Er ist in jedem gut sortierten Supermarkt erhältlich.

Cheddar bestreuen und 35–40 Minuten im Ofen backen, bis der Käse goldbraun ist.

6 Das Gratin ein paar Minuten abkühlen lassen und servieren.

PILZRISOTTO

1 Blumenkohl | 250 g Champignons | 1 Schalotte | 2 TL Kokosöl | 100 ml Gemüsebrühe | 2 Frühlingszwiebeln | 100 g geriebener Parmesan | 2 EL Butter | Salz | Pfeffer

Für 2 Personen | 20 Min. Zubereitung
Pro Portion ca. 460 kcal, 31 g E, 29 g F, 14 g KH

1 Den Blumenkohl waschen, in kleine Stücke schneiden und im Mixer zerkleinern, bis er die Größe von Reiskörnern hat.

2 Die Champignons putzen und in Scheiben schneiden. Die Schalotte schälen und würfeln.

3 1 TL Kokosöl in einer Pfanne erhitzen und Champignons darin 3 Minuten bei mittlerer Hitze anbraten. Die Schalottenwürfel zugeben und kurz mitbraten.

4 Den Blumenkohl und das restliche Kokosöl hinzufügen und alles 2 Minuten weiterbraten.

5 Die Gemüsebrühe angießen und einkochen lassen, bis die Flüssigkeit verdampft ist.

6 Die Frühlingszwiebeln putzen und in gleichmäßig dünne Ringe schneiden.

7 Parmesan, Butter und Frühlingszwiebeln unter den Pilzrisotto mischen. Mit Salz und Pfeffer würzen.

BLUMENKOHL-KÄSE-GRATIN »MAC & CHEESE«

200 g Cheddar | 1 Blumenkohl | Salz | 200 ml Kokosmilch | 120 ml Gemüsebrühe | 2 EL Kokosmehl | 1 Ei | Pfeffer

Für 2 Personen | 20 Min. Zubereitung | 40 Min. Backen
Pro Portion ca. 710 kcal, 42 g E, 49 g F, 16 g KH

1 Backofen auf 180° (Umluft 160°) vorheizen.

2 Den Cheddar reiben. Den Blumenkohl waschen, in Röschen teilen und in kochendem Salzwasser in 5 Minuten gar kochen.

3 Die Kokosmilch und die Gemüsebrühe in einem Topf erhitzen. Das Kokosmehl zugeben und aufkochen lassen.

4 Das Ei in einer Schüssel verquirlen und unter Rühren in den Topf geben. Weiterrühren, bis die Sauce andickt. Mit Salz und Pfeffer würzen.

5 Den Blumenkohl in eine Auflaufform geben und mit der Kokossauce übergießen. Mit dem

SPINAT-TARTE

150 g Blattspinat | 100 g Champignons |
1 Knoblauchzehe | 2 TL Olivenöl und etwas
zum Einfetten | Salz | Pfeffer | ¼ TL frisch ge-
riebene Muskatnuss | 2 EL geriebener Par-
mesan | 4 Eier | 220 g Hüttenkäse | 100 g Sah-
ne | 50 g Schafskäse (Feta)
Außerdem: Springform (ca. 18 cm ⌀)

Für 2 Personen | 55 Min. Zubereitung |
40 Min. Backen | 10 Min. Ruhen
Pro Portion ca. 605 kcal, 42 g E, 45 g F, 8 g KH

1 Backofen auf 180° (Umluft 160°) vorheizen.
2 Den Spinat waschen und trocken schleudern.
Champignons putzen und in Scheiben schneiden. Knoblauchzehe schälen und fein hacken.

3 Das Olivenöl in einer Pfanne erhitzen. Champignonscheiben und gehackten Knoblauch darin bei mittlerer Hitze etwa 3 Minuten anbraten.
4 Den Spinat zugeben und zusammenfallen
lassen. Das Gemüse mit Salz, Pfeffer und Muskatnuss würzen.
5 Den Parmesan auf dem Boden der gefetteten
Springform verteilen.
6 Die Eier, den Hüttenkäse und die Sahne in einer Schüssel verrühren. Das möglichst trockene
Gemüse unterheben.
7 Die Mischung in die Springform geben. Den
Schafskäse darüberbröseln.
8 Die Tarte 30–40 Minuten im Ofen backen
und 10 Minuten im ausgeschalteten Ofen ruhen
lassen. Herausnehmen, 10 Minuten abkühlen
lassen und servieren.

WÜRZIGE QUESADILLAS

2 Jalapeño-Chilis | 60 g Mayonnaise | ½ TL Paprikapulver | ¼ TL Knoblauchgranulat | 1 Prise Cayennepfeffer | 1 Blumenkohl | Salz | 3 Eier | 100 g geriebener Mozzarella | 100 g Cheddar | 1 EL Kokosöl

Für 2 Personen | 1 Std. Zubereitung | 30 Min. Backen
Pro Portion ca. 840 kcal, 48 g E, 64 g F, 15 g KH

1 Die Jalapeños waschen, entstielen und in dünne Ringe schneiden. In einer kleinen Schüssel mit Mayonnaise, Paprikapulver, Knoblauchgranulat und Cayennepfeffer verrühren und in den Kühlschrank stellen.

2 Backofen auf 200° (Umluft 180°) vorheizen.

3 Den Blumenkohl waschen, in kleine Stücke schneiden und in kochendem Salzwasser in 15 Minuten garen. Abgießen, in eine hohe Schüssel geben und mit dem Stabmixer sehr glatt pürieren.

4 Die Blumenkohlmasse kurz abkühlen lassen, auf ein sauberes Geschirrtuch geben und die Flüssigkeit herauspressen.

5 Blumenkohl, Eier und Mozzarella mischen. Mit ½ TL Salz würzen.

6 2 Backbleche mit Backpapier auslegen. Aus der Blumenkohlmasse auf jedem Blech zwei sehr dünne Fladen formen. Nacheinander je 15 Minuten im Ofen backen, dabei nach 10 Minuten wenden.

7 Die Blumenkohlfladen 10 Minuten auskühlen lassen. Inzwischen den Cheddar reiben.

8 Die Blumenkohlfladen mit Jalapeñosauce bestreichen, mit Cheddar bestreuen und einmal falten. Das Kokosöl in einer Pfanne erhitzen und die Quesadillas darin nacheinander von beiden Seiten goldbraun braten.

PILZGRATIN

300 g Champignons | 2 EL Butter | Salz | Pfeffer | 8 Blätter Basilikum | 1 Handvoll Petersilie | 200 g stückige Tomaten (Dose) | 1 TL getrockneter Oregano | 150 g Gratinkäse

Für 2 Personen | 15 Min. Zubereitung | 25 Min. Backen
Pro Portion ca. 385 kcal, 25 g E, 29 g F, 5 g KH

1 Backofen auf 200° (Umluft 180°) vorheizen.
2 Die Champignons putzen und in gleichmäßige Scheiben schneiden.
3 Die Butter in einer Pfanne erhitzen. Die Champignons darin 5 Minuten anbraten. Pilze mit Salz und Pfeffer würzen und in eine kleine Auflaufform geben.
4 Basilikum und Petersilie waschen, trocken schütteln und fein hacken.
5 Die Tomaten in einer Schüssel mit Basilikum, Petersilie und Oregano verrühren. Mit Salz und Pfeffer würzen und über die Pilze geben.
6 Den Käse darüberstreuen und das Pilzgratin im Ofen 20–25 Minuten backen, bis es oben goldbraun ist.

PORTOBELLO-PIZZAS

8 Riesenchampignons | 2 EL Olivenöl | 200 g passierte Tomaten | 1 TL getrockneter Oregano | 1 TL getrocknetes Basilikum | 120 g geriebener Mozzarella | 12 Kirschtomaten | Salz | Pfeffer | 1 Handvoll Rucola

Für 2 Personen | 10 Min. Zubereitung | 15 Min. Backen
Pro Portion ca. 350 kcal, 21 g E, 26 g F, 7 g KH

1 Backofen auf 220° (Umluft 200°) vorheizen.
2 Die Riesenchampignons putzen und vorsichtig die Stiele herausdrehen. Die Champignonköpfe außen mit Olivenöl einpinseln und mit der geölten Seite auf ein mit Backpapier ausgelegtes Backblech setzen.
3 Die Tomaten in einer Schüssel mit Oregano und Basilikum verrühren und die Champignonköpfe gleichmäßig mit der Tomatensauce füllen. Den geriebenen Mozzarella darauf verteilen.
4 Die Kirschtomaten waschen, in Scheiben schneiden und auf die Pilze verteilen. Mit Salz und Pfeffer würzen.
5 Die gefüllten Champignonköpfe 10–15 Minuten im Ofen backen, bis der Käse goldbraun ist.
6 Die Portobello-Pizzas auf zwei Teller verteilen und mit Rucola garniert servieren.

INFO

PORTOBELLO-PILZE
Portobello-Pilze sind nichts anderes als besonders groß geratene Champignons. Wegen ihrer Größe eignen sie sich perfekt zum Füllen. Sie können aber auch ganz normal in Champignongerichten verwendet werden. Man bekommt die Riesenchampignons oft auf Wochenmärkten.

PORTOBELLO-BURGER

150 g Blattspinat | 200 g Zucchini | Salz |
½ rote Zwiebel | 1 Knoblauchzehe | 60 g Gou-
da | 8 Riesenchampignons | 30 g Mandel-
mehl | 1 Ei | Pfeffer | 2 TL Kokosöl | 1 Avocado |
2 Tomaten | 1 Handvoll Salat | 2 EL Mayon-
naise

Für 2 Personen | 1 Std. 20 Min. Zubereitung
Pro Portion ca. 540 kcal, 25 g E, 39 g F,
17 g KH

1 Backofen auf 200° (Umluft 180°) vorheizen.

2 Den Spinat waschen, trocken schleudern und klein hacken.

3 Die Zucchini waschen und raspeln. In ein Sieb geben, mit einer Prise Salz bestreuen und 10 Minuten abtropfen lassen. In ein sauberes Geschirrtuch geben und einen Großteil der Flüssigkeit herauspressen.

4 Zwiebel und Knoblauch schälen und fein hacken. Den Gouda reiben.

5 Die Riesenchampignons putzen und vorsichtig die Stiele herausdrehen. Die Champignonköpfe auf ein mit Backpapier ausgelegtes Backblech legen. 15 Minuten im Ofen backen, dabei einmal wenden.

6 Spinat, Zucchini, Zwiebel, Knoblauch, Gouda, Mandelmehl und Ei in einer Schüssel vermengen. Mit Salz und Pfeffer würzen. Aus der Masse 4 Bratlinge formen. Sollte sie zu feucht sein, noch etwas Mandelmehl zugeben.

7 In einer Pfanne das Kokosöl erhitzen und die Bratlinge darin von beiden Seiten 7–8 Minuten goldbraun braten.

8 Die Avocado halbieren, den Kern entfernen und das Fruchtfleisch mit einem Löffel herausheben. Das Fruchtfleisch in Scheiben schneiden.

9 Die Tomaten waschen, von den Stielansätzen befreien und in Scheiben schneiden. Den Salat waschen und trocken schleudern.

10 Nun die Burger zusammenstellen: 4 Champignons mit je einem Bratling, ein paar Avocado- und Tomatenscheiben und etwas Salat belegen. Die restlichen 4 Pilze mit Mayonnaise bestreichen und darauflegen.

CHILI SIN CARNE

200 g Tofu | 200 g grüne Bohnen | 1 Zucchino | 2 Möhren | 1 Zwiebel | 1 Knoblauchzehe | 2 EL Kokosöl | 3 EL Tomatenmark | 400 g stückige Tomaten (Dose) | 1 EL Sojasauce | ½ TL getrockneter Thymian | 2 TL getrockneter Oregano | 3 TL Paprikapulver | 1 TL Cayennepfeffer | Salz | 2 EL Schmand | 30 g Gouda

Für 2 Personen | 45 Min. Zubereitung
Pro Portion ca. 500 kcal, 29 g E, 27 g F, 27 g KH

1 Den Tofu mit einer Gabel zerdrücken.

2 Die Bohnen waschen, putzen und in 2 cm lange Stücke schneiden. Den Zucchino waschen und in Scheiben schneiden. Die Möhren schälen und in 1 cm dicke Scheiben schneiden. Zwiebel und Knoblauchzehe schälen und fein hacken.

3 Das Kokosöl in einer Pfanne erhitzen und Zwiebel, Knoblauch und Möhren darin 5 Minuten anbraten.

4 Den Tofu und das Tomatenmark zugeben und beides kurz mitbraten. Die stückigen Tomaten zugeben.

5 Bohnen und Zucchini zugeben und das Chili mit Sojasauce, Thymian, Oregano, Paprikapulver und Cayennepfeffer würzen. Gegebenenfalls noch etwas salzen. Bei mittlerer Hitze 20 Minuten köcheln lassen. Den Schmand einrühren.

6 Den Gouda reiben. Das Chili auf zwei Tellern anrichten und mit dem Käse bestreut servieren.

TOFU-GEMÜSE-PFANNE

1 Knoblauchzehe | 200 g Tofu | 1 TL Honig |
6 EL Sojasauce | 1 gelbe Paprika | 1 rote Papri-
ka | 1 kleiner Brokkoli | 2 EL Kokosöl | 1 EL Ta-
hin (Sesampaste) | 2–3 TL Sambal Oelek |
1 Limette

Für 2 Personen | 40 Min. Zubereitung
Pro Portion ca. 495 kcal, 35 g E, 25 g F,
22 g KH

1 Den Knoblauch schälen und fein hacken.
2 Den Tofu in mundgerechte Stücke schneiden.
Mit dem Knoblauch, dem Honig und der Sojasauce in einen Gefrierbeutel geben und 20 Minuten marinieren.

3 Inzwischen die Paprika halbieren, entstielen,
entkernen, waschen und in Streifen schneiden.
Den Brokkoli waschen und in Röschen teilen.
4 Das Kokosöl in einer Pfanne erhitzen. Den
Tofu aus dem Gefrierbeutel nehmen und bei
mittlerer Hitze darin rundherum goldbraun braten. Paprika und Brokkoli hinzufügen und 2 Minuten mitbraten.
5 Die Marinade aus dem Gefrierbeutel zusammen mit 100 ml Wasser angießen und alles
8 Minuten köcheln lassen.
6 Das Tahin einrühren und nach Belieben mit
Sambal Oelek würzen.
7 Die Limette waschen, trocken reiben und in
Spalten schneiden. Die Tofu-Gemüse-Pfanne mit
den Limettenspalten garniert servieren.

TEMPEH-ERDNUSS-PFANNE

50 g geröstete Erdnusskerne | 800 g Brokkoli | 200 g geräuchertes Tempeh | 1 TL rote Currypaste | 2 EL Erdnussmus | 200 ml Kokosmilch | 50 g Sahne | 2 EL Sojasauce | 1 EL Kokosöl | 100 ml Gemüsebrühe | Salz | Pfeffer

Für 2 Personen | 40 Min. Zubereitung
Pro Portion ca. 865 kcal, 49 g E, 61 g F, 21 g KH

1 Die Erdnusskerne grob hacken. Den Brokkoli waschen und in Röschen teilen. Das Tempeh in Würfel schneiden.

2 Die rote Currypaste in einem Topf bei mittlerer Hitze anrösten. Erdnussmus, Erdnüsse und Kokosmilch zugeben und aufkochen. Sahne und Sojasauce unterrühren und alles bei kleiner Hitze 10 Minuten köcheln lassen.

3 Das Kokosöl in einer Pfanne oder einem Wok erhitzen und das Tempeh darin bei großer Hitze goldbraun braten. Den Brokkoli 4 Minuten mitbraten. Mit Gemüsebrühe ablöschen und alles 5 Minuten bei mittlerer Hitze köcheln lassen. Gegebenenfalls mit Salz und Pfeffer würzen.

4 Tempeh und Brokkoli auf zwei Teller verteilen und die Erdnusssauce darübergeben.

GEBACKENER SCHAFSKÄSE

2 Zwiebeln | 6 Tomaten | 1 Knoblauchzehe | Salz | Pfeffer | 250 g Schafskäse (Feta) | 4 EL Olivenöl | 3 Stiele Petersilie

Für 2 Personen | 10 Min. Zubereitung | 20 Min. Backen
Pro Portion ca. 580 kcal, 27 g E, 44 g F, 17 g KH

1 Backofen auf 240° (Umluft 220°) vorheizen.

2 Die Zwiebeln schälen und in dünne Ringe schneiden. Die Tomaten waschen, von den Stielansätzen befreien und in Scheiben schneiden. Den Knoblauch schälen und fein hacken.

3 Die Zwiebeln und die Tomaten in eine Auflaufform schichten. Mit Salz und Pfeffer würzen.

4 Den Schafskäse auf das Gemüsebett legen. Mit dem Olivenöl beträufeln und dem Knoblauch bestreuen. 15–20 Minuten im Ofen backen, bis er goldbraun ist.

5 Die Petersilie waschen, trocken schütteln und fein hacken. Den gebackenen Schafskäse mit Petersilie bestreut servieren.

GEBACKENER CAMEMBERT MIT RUCOLA UND TOMATEN

250 g Camembert | 4 EL Olivenöl und etwas zum Einfetten | 2 Handvoll Walnusskerne | 200 g Rucola | 250 g Kirschtomaten | 1 EL Apfelessig | 1 TL Honig | 1 EL Senf | Salz | Pfeffer

Für 2 Personen | 15 Min. Zubereitung
Pro Portion ca. 875 kcal, 40 g E, 75 g F, 9 g KH

1 Backofen auf 200° (Umluft 180°) vorheizen.
2 Den Camembert vierteln und in eine gefettete Auflaufform setzen. Den Käse mit 1 EL Olivenöl beträufeln.

3 Den Camembert in den Ofen geben. Nach 8 Minuten die Walnusskerne zugeben. Weitere 2 Minuten backen, bis der Käse zerlaufen ist.
4 Inzwischen den Rucola waschen, putzen und trocken schleudern. Die Kirschtomaten waschen und vierteln.
5 Das restliche Olivenöl, Apfelessig, Honig und Senf in einer Schüssel verrühren. Mit Salz und Pfeffer abschmecken.
6 Rucola und Tomaten dazugeben und alles gut vermischen.
7 Den gebackenen Camembert mit dem Rucola-Tomaten-Salat auf zwei Tellern anrichten und sofort servieren.

PAD THAI

750 g Brokkoli | 1 Zwiebel | 1 Knoblauchzehe |
1 Bund Frühlingszwiebeln | 2 EL Sesamöl |
50 ml Kokosmilch | 3 EL Sojasauce | 1 TL Zitro-
nensaft | ½ TL gemahlener Koriander |
350 g Shirataki-Nudeln | 2 Eier | 50 g Soja-
sprossen | Salz | Pfeffer | 2 EL geröstete Erd-
nusskerne

Für 2 Personen | 25 Min. Zubereitung
Pro Portion ca. 465 kcal, 29 g E, 27 g F,
20 g KH

1 Den Brokkoli waschen, in kleine Röschen teilen und in kochendem Wasser in 3–4 Minuten
bissfest garen.

2 Zwiebel und Knoblauch schälen und fein hacken. Die Frühlingszwiebeln putzen und in dünne Ringe schneiden.

3 Das Sesamöl in einer Pfanne erhitzen und
Zwiebel, Knoblauch und Frühlingszwiebeln darin
bei mittlerer Hitze 4 Minuten anbraten. Kokosmilch, Sojasauce, Zitronensaft und Koriander zugeben und unterrühren.

4 Die Shirataki-Nudeln dazugeben und 2 Minuten in der Sauce erhitzen. Die Nudeln an den
Pfannenrand schieben.

5 Die Eier in einer kleinen Schüssel verquirlen
und in die Mitte der Pfanne gießen. Sobald sie
anfangen zu stocken, die Nudeln vom Pfannenrand her unterheben. Den Brokkoli und die Sojasprossen zugeben.

6 Pad Thai mit Salz und Pfeffer abschmecken
und mit Erdnüssen bestreut servieren.

INFO

NUDELN OHNE KOHLENHYDRATE

Shirataki-Nudeln sind traditionelle ja-
panische Nudeln. Sie werden aus der
Konjakwurzel hergestellt, die keine
für den Menschen verwertbaren Kohlenhydrate enthält. Somit sind Shirataki-Nudeln kohlenhydratfrei, bestens
für die LCHF-Ernährung geeignet und
mit etwa 8 Kalorien pro 100 Gramm
obendrein sehr kalorienarm.

(K)EINE SÜSSE SÜNDE: DESSERTS UND GEBÄCK

Mit unseren LCHF-Desserts können Sie ganz ohne schlechtes Gewissen auch einmal etwas Süßes genießen. Denn wenn Sie sich ab und zu eine Kleinigkeit gönnen, kann Ihnen dies dabei helfen, der LCHF-Ernährung auch langfristig treu zu bleiben. Wir bieten für viele süße Gerichte kohlenhydratarme Varianten – angefangen bei cremigen Desserts über beliebte Mehlspeisen, Kuchen und Torten bis hin zu Pralinen und sogar Speiseeis. Hier findet sich für jeden Anlass das richtige Dessert.

Die Süßspeisen im folgenden Kapitel werden mit natürlichen Mitteln gesüßt. Dadurch sind sie zwar deutlich gesünder als traditionell hergestellte Nachspeisen. Sie enthalten aber dennoch etwas mehr Kohlenhydrate als die herzhaften Gerichte, die wir auf den letzten Seiten vorgestellt haben. Naschkatzen sollten also nicht übertreiben!

SCHOKOLADENPUDDING

1 Avocado | 1 EL Honig | 3 EL Kakaopulver |
150 ml Milch | 2 EL Chia-Samen | 1 EL Kokosöl

Für 2 Personen | 5 Min. Zubereitung |
30 Min. Quellen
Pro Portion ca. 350 kcal, 8 g E, 31 g F, 9 g KH

1 Avocado halbieren, den Kern entfernen und
mit einem Löffel das Fruchtfleisch herausheben.
2 Avocado, Honig, Kakaopulver, Milch, Chia-
Samen und Kokosöl in eine hohe Schüssel geben und mit dem Stabmixer pürieren.
3 Den Schokoladenpudding etwa 30 Minuten
in den Kühlschrank stellen, bis die Chia-Samen
gequollen sind.

VANILLEEIS

3 Eigelb | 120 g Erythrit | 300 g Sahne | 1 TL ge-
mahlene Vanille | ½ Fläschchen Vanillearoma

Für 4 Personen | 10 Min. Zubereitung |
4 Std. Kühlen
Pro Portion ca. 270 kcal, 4 g E, 27 g F, 2 g KH

1 Die Eigelbe im Wasserbad mit dem Erythrit
verrühren, bis sich das Erythrit aufgelöst hat.
2 Die Sahne, die gemahlene Vanille und das
Vanillearoma unterrühren.
3 Die Mischung in eine flache Schale gießen,
4 Stunden ins Gefrierfach stellen und alle
20–30 Minuten gut durchrühren, damit das Eis
cremig wird. Alternativ die Mischung die Eis-

maschine füllen und nach Betriebsanleitung cremig fest gefrieren lassen.
4 Mit dem Eisportionierer oder dem Esslöffel
Kugeln abstechen, in Schälchen anrichten und
servieren ▸ **siehe Foto Seite 114**.

WAFFELN

3 Eier | 100 g gemahlene Mandeln | 3 EL Man-
delmehl | 50 ml Milch | 2 EL Honig | ½ TL Back-
pulver | Öl für das Waffeleisen

Für 2 Personen | 15 Min. Zubereitung
Pro Portion ca. 545 kcal, 32 g E, 46 g F, 7 g KH

1 Alle Zutaten zu einem Teig verarbeiten.
2 Das vorgeheizte Waffeleisen mit etwas Öl bestreichen. Ein wenig Teig darauf verteilen und
goldbraun backen. Portionsweise arbeiten, bis
alles aufgebraucht ist ▸ **siehe Foto Seite 114**.

INFO

KALORIENFREIE SÜSSE

Erythrit ist ein Süßungsmittel ohne
Kalorien, das natürlich in Obstsorten
wie Birnen, Wassermelonen sowie
Weintrauben vorkommt. Es verursacht
keine Karies und ist für Diabetiker geeignet. Erythrit ist unter verschiedenen Markennamen erhältlich.

KAISERSCHMARREN

5 Eier | 2 EL Honig | 300 ml Milch | 180 g Mandelmehl | 1 EL Butter | 2 TL Zimtpulver | 2 EL Erythrit

Für 2 Personen | 30 Min. Zubereitung
Pro Portion ca. 725 kcal, 65 g E, 43 g F, 19 g KH

1 Die Eier trennen. Eiweiße in einer Schüssel steif schlagen. Eigelbe und Honig in einer weiteren Schüssel 5 Minuten schaumig schlagen.
2 Die Milch unter die Eigelbe rühren. Das Mandelmehl zugeben und alles zu einem Teig verarbeiten. Den Eischnee unterheben.

3 Ein Drittel der Butter in einer Pfanne erhitzen. Ein Drittel des Teigs hineingießen und bei kleiner Hitze goldbraun braten. Wenden und auch auf der anderen Seite braten. Mit zwei Holzlöffeln in Stücke zupfen.
4 Wiederholen, bis der Teig aufgebraucht ist.
5 Zimt und Erythrit mischen, den Kaiserschmarren damit bestreuen und servieren.

KÄSEKUCHENMUFFINS

150 g Heidelbeeren | 400 g Frischkäse | 200 g Quark | 1 Pck. Vanillepuddingpulver | 8 EL Erythrit | Salz | 4 Eier | etwas Kokosöl zum Einfetten
Außerdem: 12 (Silikon-)Muffinförmchen

Für 12 Stück | 15 Min. Zubereitung | 20 Min. Backen
Pro Stück ca. 140 kcal, 7 g E, 11 g F, 5 g KH

1 Backofen auf 200° (Umluft 180°) vorheizen.
2 Beeren verlesen, waschen, abtropfen lassen.
3 Frischkäse, Quark, Puddingpulver, Erythrit und 1 Prise Salz in einer Schüssel vermischen.
4 Die Eier trennen. Die Eigelbe unter die Frischkäsemasse rühren. Die Eiweiße steif schlagen und unter die Frischkäsemasse heben.
5 Den Teig auf die gefetteten Muffinförmchen verteilen, sodass sie etwa halb gefüllt sind.
6 Die Heidelbeeren darüberstreuen und die Muffins im Ofen 15–20 Minuten backen. Die Muffins aus dem Ofen nehmen, in der Form abkühlen lassen und herauslösen.

ERDBEER-QUARK-KUCHEN

Für den Boden: 125 g gemahlene Mandeln | 125 g gemahlene Haselnüsse | ½ Pck. Backpulver | 1 EL Erythrit | 4 Eier | etwas Butter zum Einfetten
Für die Füllung: 250 g Quark | 200 g Frischkäse | 200 g Hüttenkäse | 60 g Proteinpulver (Vanille) | 2 EL Erythrit | 2 Eier | 150 g Erdbeeren
Außerdem: Springform (26 cm ⌀)

Für 12 Stück | 50 Min. Zubereitung | 30 Min. Backen
Pro Stück ca. 270 kcal, 19 g E, 20 g F, 4 g KH

1 Backofen auf 220° (Umluft 200°) vorheizen.
2 Mandeln, Haselnüsse, Backpulver, Erythrit und 1 Ei in einer Schüssel gründlich vermengen.

3 Die restlichen Eier trennen. Eiweiße steif schlagen und unter den Teig heben. Eigelbe beiseitestellen.
4 Den Teig in die gefettete Form verteilen, gut andrücken und an den Rändern hochziehen. 15 Minuten im Ofen backen.
5 Für die Füllung Quark, Frischkäse, Hüttenkäse, die drei vom Teig übrig gebliebenen Eigelbe, Proteinpulver und Erythrit verrühren.
6 Eier trennen und die Eiweiße steif schlagen. Die Eigelbe werden nicht mehr benötigt. Den Eischnee unter die Quarkmasse heben.
7 Erdbeeren waschen, trocken tupfen, putzen, schneiden und unter die Quarkmasse heben.
8 Die Erdbeer-Quark-Masse auf den vorgebackenen Boden verteilen und den Kuchen weitere 30 Minuten im Ofen backen.

den Zucchini zur Eiermasse geben und alles zu einem Teig verrühren.

5 In die gefettete Form geben und im Ofen auf mittlerer Schiene etwa 40 Minuten backen. Herausnehmen und etwa 15 Minuten in der Form auskühlen lassen. Den fertigen Kuchen aus der Form nehmen, in Stücke schneiden und mit einem Klecks Schlagsahne servieren.

SCHOKOLADENKUCHEN

100 g Butter und etwas zum Einfetten | 300 g Zucchini | 3 Eier | 100 g Erythrit | 100 g gemahlene Haselnüsse | 35 g Mandelmehl | 30 g Kakaopulver | ½ TL Guarkernmehl | geschlagene Sahne zum Servieren
Außerdem: Springform (26 cm ∅)

Für 6 Stück | 20 Min. Zubereitung | 40 Min. Backen | 15 Min. Abkühlen
Pro Stück ca. 350 kcal, 11 g E, 31 g F, 5 g KH

1 Den Backofen auf 180° (Umluft 160°) vorheizen. Die Springform mit Butter einpinseln.
2 Die Butter in einem Topf bei kleiner Hitze schmelzen und etwas abkühlen lassen. Die Zucchini waschen, putzen und raspeln.
3 Eier und Erythrit in einer Schüssel schaumig rühren. Die flüssige Butter einrühren.
4 Haselnüsse, Mandelmehl, Kakaopulver und Guarkernmehl in einer Schüssel mischen. Mit

ROHE BEERENTORTE

250 g Mandeln | 250 g Cashewkerne | 100 g Walnusskerne | 200 g Datteln | 120 g Kokosöl und etwas zum Einfetten | 3 Bananen | 1 TL Vanilleextrakt | 2 EL Zitronensaft | 2 EL Wasser | 1 EL Honig | 200 g rote Johannisbeeren | 200 g Heidelbeeren
Außerdem: Springform (26 cm ∅)

Für 12 Stück | 25 Min. Zubereitung | 8 Std. Einweichen | 2 Std. Kühlen
Pro Stück ca. 475 kcal, 11 g E, 37 g F, 26 g KH

1 Mandeln, Cashewkerne und Walnusskerne nach Sorten getrennt in Schüsseln geben und mit kaltem Wasser bedecken.
2 Die Nusskerne mindestens 8 Stunden, am besten über Nacht, stehen lassen.
3 Die Datteln entsteinen. Mit den Mandeln im Mixer glatt pürieren und in eine Schüssel geben. Die Walnüsse hacken und untermischen.
4 Die Springform einfetten. Die Nussmasse hineingeben, andrücken und einen ca. 2 cm hohen Rand hochziehen. Ins Gefrierfach stellen.

5 Das Kokosöl in einem Topf schmelzen. 1 Banane schälen. Kokosöl, Cashewkerne, Banane, Vanilleextrakt, Zitronensaft, Wasser, Honig, Johannis- und Heidelbeeren im Mixer pürieren.

6 Die restlichen Bananen schälen und in gleichmäßig dünne Scheiben schneiden.

7 Die Springform aus dem Gefrierfach nehmen. Den Boden mit den Bananenscheiben auslegen und die Beerencreme darauf verteilen. Die Torte etwa 2 Stunden ins Gefrierfach stellen.

8 Die gefrorene Torte aus der Form lösen und auf eine Tortenplatte geben. Die rohe Beerentorte kühl, aber nicht mehr gefroren servieren und im Kühlschrank aufbewahren.

SCHOKOSCHNECKEN-KEKSE

1 Ei | 150 g Erythrit | 250 g Mandelmehl | 40 g Butter | 1 TL Backpulver | 100 ml Buttermilch | Salz | 3 TL Kakaopulver

Für ca. 30 Stück | 25 Min. Zubereitung | 30 Min. Ruhen | 15 Min. Backen
Pro Stück ca. 50 kcal, 4 g E, 3 g F, 1 g KH

1 Das Ei mit dem Erythrit in einer Schüssel schaumig rühren. Das Mandelmehl, die Butter, Backpulver, die Buttermilch und 1 Prise Salz hinzugeben und alle Zutaten zu einem glatten Teig verarbeiten.

2 Den Teig halbieren. Die eine Teighälfte gut mit dem Kakaopulver verkneten und beide Hälften 30 Minuten im Kühlschrank ruhen lassen.

3 Backofen auf 180° (Umluft 160°) vorheizen.

4 Die beiden Teighälften auf einer mit Mandelmehl bestreuten Arbeitsfläche dünn ausrollen. Die Teigplatten aufeinanderlegen, kräftig andrücken und aufrollen.

5 Mit einem scharfen Messer ½ cm dicke Scheiben abschneiden und auf ein mit Backpapier ausgelegtes Backblech setzen. Die Schokoschnecken-Kekse 15 Minuten backen.

ENERGIERIEGEL

60 g Datteln | 100 g Macadamianusskerne |
100 g Walnusskerne | 50 g Haselnusskerne |
25 g Sonnenblumenkerne | 25 g Kürbiskerne |
100 g Trockenpflaumen | 6 EL Kokosöl |
2 EL Honig | 30 g gemahlene Mandeln |
1 EL Chia-Samen | 2 EL Kokosflocken

Für 10 Stück | 25 Min. Zubereitung |
3 Std. Kühlen
Pro Stück ca. 340 kcal, 6 g E, 30 g F, 12 g KH

1 Backofen auf 180° (Umluft 160°) vorheizen.
2 Die Datteln entsteinen. Die Macadamianuss-
kerne, Walnusskerne und Haselnusskerne auf
ein mit Backpapier ausgelegtes Backblech verteilen und 10 Minuten im Ofen rösten.

3 Gelegentlich wenden. Abkühlen lassen und
mit Sonnenblumenkernen, Kürbiskernen, Tro-
ckenpflaumen und Datteln im Mixer zerkleinern.
4 Das Kokosöl in einem kleinen Topf schmelzen. Kokosöl, Honig, Mandeln, Chia-Samen und
Kokosflocken in den Mixer geben und alles noch
einmal gründlich durchmixen.
5 Die Masse 2 cm dick auf ein großes Stück
Frischhaltefolie streichen und fest andrücken.
Mit einem zweiten Stück Frischhaltefolie abdecken und 3 Stunden in den Kühlschrank legen.
6 Die Frischhaltefolie abziehen. Die kühle und
feste Masse auf ein Schneidebrett geben und
mit einem Messer in die gewünschten längli-
chen Riegel schneiden.
7 Die Riegel bis zum Verzehr im Kühlschrank
aufbewahren. Gekühlt sind sie 4 Tage haltbar.

KOKOS-MANDEL-PRALINEN

70 g gemahlene Mandeln | 150 g Kokosflocken | 2 EL Honig | 300 g Quark | 150 g geschälte Mandeln

Für ca. 45 Stück | 8 Min. Zubereitung
Pro Stück ca. 60 kcal, 2 g E, 5 g F, 1 g KH

1 Mandeln, 50 g Kokosflocken, Honig und Quark in einer Schüssel verkneten.
2 Aus dem Teig kleine Kugeln formen und in jede eine geschälte Mandel drücken. Die Kugeln in den restlichen Kokosflocken wälzen.
3 Die fertigen Kokos-Mandel-Pralinen bis zum Servieren kühlstellen. Sie sind im Kühlschrank 4 Tage haltbar.

FRUCHTGUMMIS

200 g Mango | 120 ml Kokosmilch | 6 EL Agar-Agar

Für 4 Personen | 25 Min. Zubereitung | 1–4 Std. Kühlen
Pro Portion ca. 145 kcal, 13 g E, 7 g F, 7 g KH

1 Die Mango schälen. Das Fruchtfleisch vom Stein schneiden, in eine hohe Schüssel geben und mit dem Stabmixer fein pürieren.
2 Mangopüree, Kokosmilch und Agar-Agar in einen kleinen Topf geben und bei mittlerer Hitze erwärmen. Dabei ständig mit dem Schneebesen gut umrühren, damit sich die Agar-Agar-Klümpchen auflösen.

3 Etwa 5 Minuten erhitzen, bis die Mischung flüssig und glatt ist. Aufkochen und bei kleiner Hitze 2 Minuten köcheln lassen.
4 Die Mischung in kleine Förmchen (z. B. Pralinenförmchen) füllen oder in eine kleine Auflaufform gießen.
5 Bei Zimmertemperatur 10 Minuten lang auskühlen lassen, dann etwa 30 Minuten in den Gefrierschrank oder 1–4 Stunden in den Kühlschrank stellen, bis die Fruchtgummis fest sind.
6 Die Fruchtgummis aus den Förmchen lösen oder den Inhalt der Auflaufform auf ein Schneidebrett stürzen und nach Belieben in kleine Würfel oder Streifen schneiden.
7 Fruchtgummis im Kühlschrank aufbewahren.

VARIANTEN

Die Fruchtgummis lassen sich auch wunderbar mit Beeren zubereiten. Ersetzen Sie die Mango einfach durch Himbeeren, Heidelbeeren etc. in gleicher Menge.

Bücher,
die weiterhelfen

Eenfeldt, Andreas:
Echt fett – Iss dich satt und nimm ab. Warum uns Kohlenhydrate und Zucker süchtig machen
Ennsthaler

Fife, Bruce:
Das Keto-Prinzip: Ketogen ernähren mit Kokosöl und Fett
VAK Verlags GmbH

Jarka, Marco K. R.:
Abnehmen in Ketose: Leitfaden für Einsteiger
Books on Demand

Kämmerer, Ulrike / Schlatterer, Christina / Knoll, Gerd:
Ketogene Ernährung bei Krebs
Systemed GmbH

Kämmerer, Ulrike / Schlatterer, Christina / Knoll, Gerd:
Krebszellen lieben Zucker – Patienten brauchen Fett
Systemed GmbH

Leitzmann, Claus / Keller, Markus:
Vegetarische Ernährung
UTB

Phinney, Stephen D. / Volek, J. S.:
The Art and Science of Low Carbohydrate Living
Beyond Obesity LLC

Rask, Annika:
Entpuppt – Mit LCHF in ein leichtes Leben
Books on Demand

Taubes, Gary:
Why we get fat
Anchor Verlag

Steeb, Sigrid:
Vegetarisch. Gesund. Alles über vegetarische Ernährung
Schlütersche

Aus dem GRÄFE UND UNZER VERLAG

Andreas, Adriane / Redies, Alessandra (Herausgeber):
Vegetarisch! Das Goldene von GU

Dickhaut, Sebastian:
Vegetarian Basics

Elmadfa, Ibrahim / Aign, Waltraute / Muskat, Erich / Fritzsche, Doris:
Die große GU Nährwert-Kalorien-Tabelle

Franz, Maren / Coy, Johannes:
Die neue Anti-Krebs-Ernährung

Froböse, Ingo:
Das Turbo-Stoffwechsel-Prinzip

Kintrup, Martin:
Low Carb für Faule

Kintrup, Martin:
Vegetarisch für Faule

Lange, Elisabeth:
Paleo-Diät für Einsteiger

Stanitzok, Nico / Vormann, Prof. Dr. Jürgen:
Low Carb High Fat. Voll fett essen, voll schlank werden

Vormann, Prof. Dr. Jürgen:
Low Carb High Fat. Der Nährwert-Kompass

Vormann, Prof. Dr. Jürgen:
Säure-Basen-Balance. Der Kompass für mehr Vitalität und Wohlbefinden

Vormann, Prof. Dr. Jürgen / Kerner, Maiko:
Low Carb High Fat für Einsteiger. In 4 Wochen abnehmen, ohne zu hungern

Vormann, Prof. Dr. Jürgen / Stenger, Malika:
Superfood Kokosnuss. Mit der Kraft der Ketone Nerven, Immunsystem und Stoffwechsel stärken

Adressen, die weiterhelfen

Organisationen

**ProVeg Deutschland e.V.
(ehemals: Vegetarierbund
Deutschland e.V.)**
Genthiner Straße 48
D-10785 Berlin
www.vebu.de
Informationen zu allen Fragen
rund um den vegetarischen
Lebensstil.

**Vegetarierbund Österreich
(ehemals: Österreichische
Vegetarier Union)**
Rossegg 41
A-8045 Graz
www.vegetarier.at
Ausführliche Hintergrundinfor-
mationen zur fleischlosen
Ernährung.

Swissveg
Niederfeldstraße 92
CH-8408 Winterthur
www.swissveg.ch
Großes Angebot an Informatio-
nen für eine pflanzenbasierte
Lebensweise.

Bezugsadressen

www.ketoladen.de
Shop mit Lebensmitteln für
eine ketogene Ernährung,
Rezepten und Programm zur
Online-Nährwertberechnung.

www.konzelmanns.de
Online-Shop für Low-Carb-Produkte mit großer Auswahl.

lchf-shop.de
Online-Shop für Lebensmittel
rund um die LCHF-Ernährung.
Bietet unter anderem Produkte
aus dem LCHF-Heimatland
Schweden an.

www.lcw-shop.de
Webshop für Low-Carb-Pro-
dukte. Führt unter anderem
alternative Süßungsmittel wie
Erythritol.

www.nu3.ch
Online-Shop u. a. für
Low-Carb-Produkte mit Ver-
sand in die Schweiz.

www.oelmuehle-solling.de
Große Auswahl an Kokosöl
und anderen Ölen sowie Nuss-
mehlen in Bioqualität.

Internet-Links

**www.ketogenic-dietresource.
com**
Umfangreiche Informationen
zum Thema ketogene Ernäh-
rung.

www.lchf-deutschland.de
Informative Seite rund um Low
Carb High Fat mit Rezepten
und Coachingangeboten.

www.lowcarb-ketogen.de
Informationen über Low Carb
und ketogene Ernährung,
Buch- und Restauranttipps,
Rezepte, Online-Kursangebot.

www.mandelbutter.de
Infos rund um Mandel- und
andere Nussbutter. Mit Rezepten und Einkaufstipps.

Sachregister

Rezeptregister

Impressum

© 2018 GRÄFE UND UNZER VERLAG GmbH, München

Projektleitung: Lea Steinhäuser, Silvia Herzog
Lektorat: Andrea Panster
Bildredaktion: Nele Schneidewind
Korrektorat: Bernhard Edlmann
Umschlaggestaltung: h3a Mediengestaltung und Produktion GmbH, Andreas Grassinger, München
Layout: independent Medien-Design, Horst Moser, München
Herstellung: Petra Roth
Satz: Christopher Hammond
Reproduktion: Medienprinzen GmbH, München
Druck und Bindung: Firmengruppe APPL, aprinta druck, Wemding
Printed in Germany

ISBN 978-3-8338-6437-7

1. Auflage 2018

Die GU-Homepage finden Sie unter www.gu.de

 www.facebook.com/gu.verlag

Bildnachweis
Coverproduktion: Vivi D'Angelo (Fotograf), Frauke Schäfer (Foodstyling), München
Fotoproduktion innen und U4: Kramp & Gölling, Reeßum
Foodstyling: Christina Steinfeld
Illustration S. 11: Claudia Klein
Weitere Fotos:
Bayer HealthCare: S. 29; Fotolia: Außenklappe vorne, Innenklappe vorne li. u. re. unten, S. 49, iStock: S. 5, 6, 8, 10, 16, 24, 32, 37, 38, 42, 44, 46, 50, 52, 58; Privat: Außenklappe hinten, S. 4; Shotshop: Innenklappe hinten li.; Shutterstock: Innenklappe vorne re. oben, Innenklappe hinten re; Stocksy: S. 26
Syndication: www.seasons.agency

Wichtiger Hinweis
Die Gedanken, Methoden und Anregungen in diesem Buch stellen die Meinung bzw. Erfahrung der Verfasser dar. Sie wurden von ihnen nach bestem Wissen erstellt und mit größtmöglicher Sorgfalt geprüft. Sie bieten jedoch keinen Ersatz für persönlichen kompetenten medizinischen Rat. Jede Leserin, jeder Leser ist für das eigene Tun und Lassen auch weiterhin selbst verantwortlich. Weder Autoren noch Verlag können für eventuelle Nachteile oder Schäden, die aus den im Buch gegebenen praktischen Hinweisen resultieren, eine Haftung übernehmen.

Liebe Leserin, lieber Leser,
haben wir Ihre Erwartungen erfüllt? Sind Sie mit diesem Buch zufrieden? Haben Sie weitere Fragen zu diesem Thema? Wir freuen uns auf Ihre Rückmeldung, auf Lob, Kritik und Anregungen, damit wir für Sie immer besser werden können.

GRÄFE UND UNZER Verlag
Leserservice
Postfach 86 03 13
81630 München
E-Mail:
leserservice@graefe-und-unzer.de

Telefon: 00800 / 72 37 33 33*
Telefax: 00800 / 50 12 05 44*
Mo–Do: 9.00 – 17.00 Uhr
Fr: 9.00 – 16.00 Uhr
(* gebührenfrei in D, A, CH)

Ihr GRÄFE UND UNZER Verlag
Der erste Ratgeberverlag – seit 1722.

Umwelthinweis
Dieses Buch wurde auf PEFC-zertifiziertem Papier aus nachhaltiger Waldwirtschaft gedruckt.

GRÄFE UND UNZER

Ein Unternehmen der
GANSKE VERLAGSGRUPPE